Manual completo de los verbos en inglés

Prof. Jaime Garza Bores

PASSPORT BOOKS

NTC/Contemporary Publishing Company

Contenido

Preface

Designed with the needs of Spanish speakers in mind, *Manual completo de los verbos en inglés* presents the main features of the English verb system in a single, compact volume.

In it you will find:

- A list of the most common regular verbs in English.

- A complete list of irregular verbs in English, grouped according to pattern. This special feature allows irregular verbs to be easily learned in related groups. Examples illustrate the verbs in context, and notes give important information on the meaning and usage of the different forms.

- A complete list of all auxiliary verbs in English, along with complete examples of all the tenses they form and notes explaining their meaning and usage.

This unique book is the perfect way to learn English verbs quickly, practically, and economically!

Prólogo

Específicamente diseñado para los hispanoparlantes, *Manual completo de los verbos en inglés* reúne las características de los verbos y ofrece mútiples ejemplos de los mismos en un solo tomo.

El lector encontrará:

- Los verbos regulares más comunes.

- Los verbos irregulares catalogados según sus formas; de esta manera se aprenderán más fácilmente.

- Ejemplos y notas que ofrecen información valiosísima sobre el uso apropiado de los verbos.

- Los verbos auxiliares con cuadros de construcción que muestran cómo se emplean.

Este manual es el instrumento perfecto para aprender a manejar los verbos rápidamente.

AUXILIAR *TO BE*

Tiempo en presente	*Tiempo en pasado*
AM (soy, estoy)	
IS (es, está)	*WAS* (era, estaba, estuvo)
ARE (son, están)	*WERE* (eran, estaban, estuvieron)

Observe cómo emplear el auxiliar *TO BE* (ser o estar) en sus tiempos presente y pasado con el verbo *to write* (escribir) en su forma *ING* (escribiendo). Note las expresiones de tiempo *now* (ahora) y *yesterday* (ayer), así como los pronombres *I* (yo), *he* (él) y *they* (ellos).

1.	I	*AM*	writing a letter *now*
2.	He	*IS*	writing a letter *now*
3.	They	*ARE*	writing a letter *now*
4.	I	*WAS*	writing a letter *yesterday*
5.	They	*WERE*	writing a letter *yesterday*

TRADUCCIÓN

1. Yo estoy escribiendo una carta ahora
2. Él está escribiendo una carta ahora
3. Ellos están escribiendo una carta ahora
4. Yo estuve escribiendo una carta ayer
5. Ellos estuvieron escribiendo una carta ayer

NOTA: Empléase *IS*, en *he, she, it* y *ARE* en *you, we, you, they.* Empléase *WAS* en *I, he, she, it* y *WERE* en *you, we, you, they.*

Nótese ahora la partícula negativa NOT después de *am,*
is, are, was y *were* para formar las negaciones en presente
y en pasado.

I	*am*	NOT	writing a letter *now*
He	*is*	NOT	writing a letter *now*
They	*are*	NOT	writing a letter *now*
I	*was*	NOT	writing a letter *yesterday*
They	*were*	NOT	writing a letter *yesterday*

En las preguntas *am, is, are, was, were* se anteponen a los
pronombres *I, he, they.*

AM	I	writing a letter *now?*
IS	he	writing a letter *now?*
ARE	they	writing a letter *now?*
WAS	I	writing a letter *yesterday?*
WERE	they	writing a letter *yesterday?*

CUADRO SINÓPTICO DEL VERBO *TO BE*

PRESENTE	*PASADO*

Afirmativo	Afirmativo
I *AM*	I *WAS*
You *ARE*	You *WERE*
He She It } *IS*	He She They } *WAS*
We You They } *ARE*	We You They } *WERE*

Negativo	Negativo
I *AM*	I *WAS*
You *ARE*	You *WERE*
He She It } *IS* } NOT	He She It } *WAS* } NOT
We You They } *ARE*	We You They } *WERE*

Interrogativo	Interrogativo
AM I?	*WAS* I?
ARE you?	*WERE* you?
IS { he? she? it?	*WAS* { he? she? it?
ARE { we? you? they?	WERE { we? you? they?

8

AUXILIARES DEL INTERROGATIVO PARA EL TIEMPO PRESENTE Y PASADO DE TODOS LOS VERBOS EN INGLÉS

(excepto *to be*: ser o estar; *can*: poder; *must*: deber)

Tiempo en presente	Tiempo en pasado
DO { Interrogativo para: *I, you, we, you, they*	DID. { Interrogativo para: *I, you, we, you, they*
DOES { Interrogativo terceras personas: *he, she, it*	DID { Interrogativo terceras personas: he, *she, it*

Observe el empleo de *DO* y *DOES* para preguntar en tiempo presente; y *DID* para hacer preguntas en tiempo pasado. Advierta asimismo el verbo en su forma simple *(write)* en el pasado interrogativo (3 y 4) puesto que *DID* basta para expresar dicho pasado.

1. *DO* you *write* many letters *every day?*

2. *DOES* he *write* many letters *every day?*

3. *DID* you *write* many letters *yesterday?*

4. *DID* he *write* many letters *yesterday?*

TRADUCCIÓN

1. ¿Escribe usted muchas cartas todos los días?
2. ¿Escribe él muchas cartas todos los días?

3. ¿Escribió usted muchas cartas ayer?
4. ¿Escribió él muchas cartas ayer?

NOTA: El pasado de los verbos se emplea únicamente en la forma afirmativa: I *wrote a letter yesterday* (Yo escribí una carta ayer).

9

AUXILIARES DEL PRESENTE Y PASADO NEGATIVO
PARA TODOS LOS VERBOS EN INGLÉS

(excepto *to be*: ser o estar; *can*: poder; *must*: deber)

Presente negativo	Pasado negativo
DO NOT (para: *I, you, we, you, they*)	DID NOT (para: *I, you, you, they*)
DOES NOT (terceras personas: *he, she, it*)	DID NOT (terceras personas: *he, she, it*)

Observe el empleo de NOT después de *do, does* y *did* en las negaciones en tiempo presente y pasado.
Nótese el verbo en su forma simple *(write)* en el pasado negativo (3 y 4) después de *did* NOT, puesto que esto basta para expresar dicho pasado.

1. I   *do*   NOT *write* many letters   *every day*
2. HE *does* NOT *write* many letters   *every day*

3. I   *did* NOT *write* many letters *yesterday*
4. He *did* NOT *write* many letters *yesterday*

TRADUCCIÓN

1. Yo no escribo muchas cartas todos los días
2. Él no escribe muchas cartas todos los días

3. Yo no escribí muchas cartas ayer
4. Él no escribió muchas cartas ayer

NOTA: El pasado de los verbos se emplea únicamente en la forma afirmativa: I *wrote* a letter yesterday (yo escribí una carta ayer).

10

PATRÓN DE CONSTRUCCIÓN DEL TIEMPO PRESENTE EMPLEANDO EL VERBO TO WRITE

Tiempo presente: *WRITE (S)* = escribo, escribes, escribe, escribimos, escriben.

Afirmativo	Interrogativo			Negativo		
I write	*DO*	I	write?	I *DO*	NOT	write
You write	*DO*	you	write?	You *DO*	NOT	write
He write*S*	*DOES*	he	write?	He *DOES*	NOT	write
She write*S*	*DOES*	she	write?	She *DOES*	NOT	write
It write*S*	*DOES*	it	write?	It *DOES*	NOT	write
We write	*DO*	we	write?	We *DO*	NOT	write
You write	*DO*	you	write?	You *DO*	NOT	write
They write	*DO*	they	write?	They *DO*	NOT	write

Para conjugar cualquier otro verbo en tiempo presente (excepto *to be*: ser o estar, *can*: poder y *must*: deber), síganse los mismos patrones empleados con *to write*. Es decir, los que se destacan con letras mayúsculas: *S, DO, DOES, DO* NOT y *DOES* NOT. Por lo tanto, al conjugar otro verbo regular o irregular empléense dichas mayúsculas en la misma posición y orden en que aparecen con *to write*.

11

PATRÓN DE CONSTRUCCIÓN DEL TIEMPO PASADO EMPLEANDO EL VERBO *TO WRITE*

Tiempo pasado: *WROTE* = escribí, escribió, escribimos, escribieron.

Afirmativo	Interrogativo	Negativo
I wrote	*DID* I write?	I *DID* NOT write
You wrote	*DID* you write?	You *DID* NOT write
He wrote	*DID* he write?	He *DID* NOT write
She wrote	*DID* she write?	She *DID* NOT write
It wrote	*DID* it write?	It *DID* NOT write
We wrote	*DID* we write?	We *DID* NOT write
You wrote	*DID* you write?	You *DID* NOT write
They wrote	*DID* they write?	They *DID* NOT write

Para conjugar cualquier otro verbo en tiempo pasado (excepto *to be*: ser o estar, *can*: poder, *must*: deber), síganse los mismos patrones empleados con *to write*. Es decir, los que se destacan con letras mayúsculas: *DID* y *DID* NOT.

Por lo tanto, al conjugar otro verbo regular o irregular, empléense *DID* y *DID* NOT en la misma posición y orden en que aparecen con *to write*, utilizando en ambos el verbo principal en su forma simple.

Emplee únicamente el verbo principal en su forma de pasado en el afirmativo.

AUXILIARES PARA FORMAR EL FUTURO
Y CONDICIONAL

Futuro	Condicional
Afirmativo	Afirmativo
WILL	WOULD
Negativo	Negativo
WILL NOT	WOULD NOT

Observe el empleo de *WILL* y *WOULD* antes de un verbo en su forma simple *(write)* para formar el *futuro* y *condicional.*

1. I	WILL	*write* many letters *tomorrow*
2. He	WILL	*write* many letters *tomorrow*
3. I	WOULD	*write* many letters *now*
4. He	WOULD	*write* many letters *now*

TRADUCCIÓN
1. Yo escribiré muchas cartas mañana
2. Él escribirá muchas cartas mañana
3. Yo escribiría muchas cartas ahora
4. Él escribiría muchas cartas ahora

NOTA: Empléanse *WILL* y *WOULD* con todos los pronombres: *I, you, he, she, it, we, you, they* en el inglés informal de uso cotidiano. *SHALL* y *SHOULD* se usan sólo en el inglés muy literario tal como la poesía o liturgia, pero únicamente en los pronombres *I* y *we.*

13

Observe la palabra NOT inmediatamente después de *WILL* y *WOULD* para formar el negativo del futuro y condicional.

1.	I *will*	NOT	*write* many letters *tomorrow*
2.	He *will*	NOT	*write* many letters *tomorrow*
3.	I *would*	NOT	*write* many letters *now*
4.	He *would*	NOT	*write* many letters *now*

TRADUCCIÓN

1. Yo no escribiré muchas cartas mañana
2. Él no escribirá muchas cartas mañana
3. Yo no escribiría muchas cartas hoy
4. Él no escribiría muchas cartas hoy

Nótese ahora que los auxiliares *WILL* y *WOULD* se anteponen a los pronombres *I, he*, etc., para formar preguntas.

1.	*WILL*	I *write* many letters *tomorrow?*
2.	*WILL*	he *write* many letters *tomorrow?*
3.	*WOULD*	I *write* many letters *now?*
4.	*WOULD*	he *write* many letters *now?*

TRADUCCIÓN

1. ¿Escribiré muchas cartas mañana?
2. ¿Escribirá él muchas cartas mañana?
3. ¿Escribiría yo muchas cartas ahora?
4. ¿Escribiría él muchas cartas ahora?

EL AUXILIAR *SHALL* EN SU USO MAS COMÚN

Observe en estas preguntas el uso práctico de *shall* con los pronombres *I* y *we* solamente para expresar *excitativa, invitación* o *iniciativa.* Note también que en esos casos *shall* expresa más bien una idea presente que futura.

SHALL	I	write	that letter *now?*
SHALL	I	cut	the cake *now?*
SHALL	we dance?		
SHALL	we go?		

TRADUCCIÓN

¿Escribo esa carta ahora?
¿Parto el pastel ahora?

¿Bailamos?
¿Nos vamos?

AUXILIARES QUE EXPRESAN *HABILIDAD, PERMISO* O *POSIBILIDAD*

HABILIDAD	*POSIBILIDAD*
Presente	Presente
CAN (puede)	*MAY* (posiblemente)
Pasado	Condicional o Pasado
COULD (pudo, podía)	*MIGHT* (podría)

Observe el verbo principal en su forma simple *(write)* después de los auxiliares *can, could, may* y *might.*

1. I	*CAN*	*write* many letters *daily*
2. He	*COULD*	*write* many letters *yesterday*
3. I	*MAY*	*write* a letter *afterwards*
4. He	*MIGHT*	*write* a letter *now*

TRADUCCIÓN

1. Yo puedo escribir muchas cartas diariamente
2. Él pudo escribir muchas cartas ayer

3. Posiblemente yo escriba una carta después
4. Él podría escribir una carta ahora

NOTA: Empléanse *can, could, may* y *might* con todos los pronombres o sujetos.

16

Nótese ahora que los auxiliares *can, could, may* y *might* se anteponen a los pronombres *I, he,* etc., para formar el interrogativo.

1. *CAN*	I *write* many letters *daily?*
2. *COULD*	he *write* many letters *yesterday?*
3. *MAY*	I *write* a letter *afterwards?*
4. *MIGHT*	he *write* a letter *now?*

TRADUCCIÓN

1. ¿Puedo escribir muchas cartas diariamente?
2. ¿Pudo él escribir muchas cartas ayer?
3. ¿Puedo escribir una carta después? (pidiendo permiso)
4. ¿Podría él escribir una carta ahora?

Observe la palabra NOT inmediatamente después de los auxiliares *can, could, may* y *might* para formar las negaciones.

1. I *can*	NOT	*write* many letters *daily*
2. He *could*	NOT	*write* many letters *yesterday*
3. I *may*	NOT	*write* a letter *afterwards*
4. He *might*	NOT	*write* a letter *now*

TRADUCCIÓN

1. Yo no puedo escribir muchas cartas diariamente.
2. Él no pudo escribir muchas cartas ayer
3. Posiblemente yo no escriba una carta después
4. Él podría no escribir una carta ahora

EL AUXILIAR *MAY* Y SUS TRES SIGNIFIC*A*DOS

MAY $\left\{\begin{array}{l} \text{Expresa:} \\ \text{1. } PERMISO \\ \text{2. } POSIBILIDAD \\ \text{3. } DESEO \end{array}\right.$

1. (Permiso) *MAY* I *write* a letter? (¿Puedo escribir una carta?)

2. (Posibilidad) I *MAY* write a letter. (Posiblemente yo escriba una carta.)

3. (Deseo) *MAY* you *write* a lovely poem! (¡Que escribas un hermoso poema!)

EL AUXILIAR *MIGHT* Y SUS DOS SIGNIFICADOS

MIGHT $\left\{\begin{array}{l} \text{Expresa:} \\ \text{1. } LIGERA\ POSIBILIDAD\ EN\ EL\ FUTURO \\ \text{2. } PERMISO\ EN\ PASADO \text{ (Forma en pasado} \\ \qquad\qquad\qquad\qquad\qquad\text{de } may) \end{array}\right.$

1. He says that he *might write* a book next year.
(Él dice que él podría escribir un libro el año próximo.)

2. Helen's mother said that she *might write* a letter to her boy-friend.
(La madre de Elena dijo que ella podía escribir una carta a su novio.)

LOS TRES AUXILIARES QUE EXPRESAN OBLIGACIÓN

EL TRIÁNGULO DEL DEBER

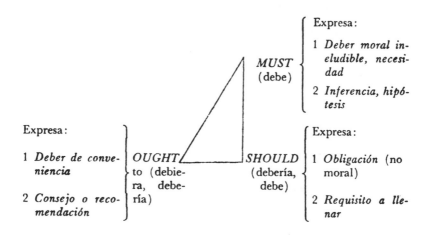

MUST
(debe)

Expresa:

1 *Deber moral in-
eludible, necesi-
dad*

2 *Inferencia, hipó-
tesis*

Expresa:

1 *Deber de conve-
niencia*

2 *Consejo o reco-
mendación*

*OUGHT
to* (debie-
ra, debe-
ría)

SHOULD
(debería,
debe)

Expresa:

1 *Obligación* (no
moral)

2 *Requisito a lle-
nar*

EJEMPLOS ILUSTRATIVOS

You *must* defend your country (Debes defender a tu país)
It *must* be very expensive (Debe ser muy caro)

They *should* follow instructions (Ellos deben seguir instrucciones)
I *should* bring my birth certificate (Debo traer mi acta de
nacimiento)

You *ought to* know those things (Debes saber esas cosas)
He *ought to* rent that house (Él debe rentar esa casa)

19

Observe la carencia de *to* después de *must* y *should*, notando asimismo que estos dos auxiliares van seguidos de un verbo en su forma simple *(write, respect, honor,* etc.). El auxiliar *ought* siempre va seguido de la partícula *to*.

1.	I *MUST*	*write*	a letter	to my parentes *now*
2.	You *MUST*	*respect*	the law	
3.	We *MUST*	*honor*	our parents	
4.	He *MUST*	*be*	very rich	

5.	You *SHOULD*	*write*	that letter	with ink
6.	He *SHOULD*	*drive*	carefully	
7.	They *SHOULD*	*show*	their identification	

8.	He *OUGHT*	*to learn*	English
9.	You *OUGHT*	*to see*	a doctor

TRADUCCIÓN

1. Yo debo escribir una carta a mis padres ahora
2. Tú debes respetar la ley
3. Debemos honrar a nuestros padres
4. Él debe ser muy rico (suposición)

5. Deberías escribir esa carta con tinta
6. Él debería manejar con cuidado
7. Ellos deben mostrar su identificación

8. Él debiera (o debería) aprender inglés
9. Deberías o (debieras) ver a un médico

NOTA: Empléanse *MUST, SHOULD* y *OUGHT (to)* con todos los pronombres o sujetos.

Observe la palabra NOT inmediatamente después de los auxiliares *must, should* y *ought* para formar las negaciones. Nótese también la partícula *to* después de NOT en *ought*.

I *must*	NOT	*write* a letter	to my parents *now*
You *should*	NOT	*write* that letter	with ink
He *ought*	NOT	*to write* a letter	in Spanish

Ahora observe que los auxiliares *must, should* y *ought* (to) se anteponen a los pronombres *I, you, he,* etc., para formar el interrogativo. Nótese la partícula *to* antes de *write* en *ought*.

MUST	I	*write* a letter	to my parents *now?*
SHOULD	you	*write* that letter	with ink?
OUGHT	he	*to write* a letter	in Spanish?

AUXILIAR *USED TO* PARA FORMAR EL PRETÉRITO IMPERFECTO (Historical Past)

PRETÉRITO IMPERFECTO

USED TO { Equivalente en castellano a las terminaciones del pasado, *ía, íamos, ían* o *aba, ábamos, aban* }

Observe el verbo en infinitivo después de *USED (to write)*, así como su empleo en todos los sujetos o pronombres.

I	USED	to write	long letters	*many years ago*
He	USED	to read	good books	*many years ago*
We	USED	to speak	good English	*many years ago*
They	USED	to work	in Chicago	*many years ago*

TRADUCCIÓN

Yo escrib*ía* largas cartas hace muchos años
Él le*ía* buenos libros hace muchos años
Nosotros habl*ábamos* buen inglés hace muchos años
Ellos trabaj*aban* en Chicago hace muchos años

Observe el uso del DID NOT antes de *USE* para formar las negaciones. Nótese asimismo que la *d* de *used* desaparece en esta forma negativa.

I	DID NOT	*use to* write long letters *many years ago*
He	DID NOT	*use to* read good books *many years ago*
They	DID NOT	*use to* work in Chicago *many years ago*

Ahora observe el empleo de *DID* antes de los pronombres *I, he, they,* etc., para formar el interrogativo. También note la palabra *USE* en lugar de *used*.

DID	I	*use to* write	long letters *many years ago?*
DID	he	*use to* read	good books *many years ago?*
DID	they	*use to* work	in Chicago *many years ago?*

AUXILIARES QUE FORMAN EL ANTEPRESENTE Y ANTECOPRETÉRITO

Auxiliar del *Antepresente*		Auxiliar del *Antecopretérito*	
HAVE	he, has, ha, hemos, has. Empléase para: *I, you, we, you* y *they*	*HAD*	había, habías, habíamos, habían. Empléase para: *I, you, we, you* y *they*
HAS	Ha. Empléase para: *he, she, it*	*HAD**	Había. Empléase para: *he, she, it*

* Como se puede ver, *had* se emplea con todos los pronombres personales o sujetos.

Observe la forma verbal en participio pasado *(written)* después de *HAVE, HAS* y *HAD*. No emplee *to* después de estos auxiliares para formar el *antepresente* y *antecopretérito*.

I	*HAVE*	*written* many letters *lately*
He	*HAS*	*written* many letters *lately*
They	*HAVE*	*written* many letters *lately*
I	*HAD*	*written* many letters *before*
He	*HAD*	*written* many letters *before*
They	*HAD*	*written* many letters *before*

TRADUCCIÓN

Yo he escrito muchas cartas últimamente
Él ha escrito muchas cartas últimamente
Ellos han escrito muchas cartas últimamente
Yo había escrito muchas cartas anteriormente
Él había escrito muchas cartas anteriormente
Ellos habían escrito muchas cartas anteriormente

NOTA: Cuando *have, has* y *had* van seguidos de la partícula *to,* entonces éstos expresan *necesidad, tener que.* Ejemplos:

I *have to* write a letter now (Tengo que escribir una carta ahora)
He *has to* go to school today (Él tiene que ir a la escuela hoy)
I *had to* write a letter yesterday (Yo tuve que escribir una carta ayer)

24

Observe la palabra NOT después de los auxiliares *have*, *has* y *had* para formar las negaciones.

I *have*	NOT	*written* many letters *lately*
He *has*	NOT	*written* many letters *lately*
They *have*	NOT	*written* many letters *lately*
I *had*	NOT	*written* many letters *before*
He *had*	NOT	*written* many letters *before*
They *had*	NOT	*written* many letters *before*

Ahora observe que los auxiliares *have, has* y *had* se anteponen a los pronombres *I, he, we, they,* etc., para formar el interrogativo.

HAVE	I	*written* many letters *lately?*
HAS	he	*written* many letters *lately?*
HAVE	they	*written* many letters *lately?*
HAD	I	*written* many letters *before?*
HAD	he	*written* many letters *before?*
HAD	they	*written* many letters *before?*

LA FORMA *GOING TO* PARA CONSTRUIR EL *FUTURO IDIOMÁTICO* Y EL *PASADO PROGRESIVO*

Futuro Idiomático	Pasado Progresivo
1. Am ⎫ 2. Is ⎬ GOING TO 3. Are ⎭ (1. voy) (2. va) (3. van)	1. Was ⎫ ⎬ GOING TO 2. Were ⎭ (1. iba) (2. iban)

Observe el empleo de los auxiliares *am, is, are, was* y *were* antes de GOING TO para formar el *futuro idiomático* y el *pasado progresivo.*

Nótese también el verbo en *infinitivo* (to write: escribir).

1. I	am	GOING	*to* write a letter *tomorrow*
2. He	is	GOING	*to* write a letter *tomorrow*
3. They	are	GOING	*to* write a letter *tomorrow*
4. I	was	GOING	*to* write a letter *yesterday*
5. He	was	GOING	*to* write a letter *yesterday*
6. They	were	GOING	*to* write a letter *yesterday*

TRADUCCIÓN

1. Yo voy a escribir una carta mañana
2. Él va a escribir una carta mañana
3. Ellos van a escribir una carta mañana
4. Yo iba a escribir una carta ayer
5. Él iba a escribir una carta ayer
6. Ellos iban a escribir una carta ayer

Observe la palabra NOT inmediatamente después de *am, is, are, was* y *were* y antes de GOING TO para formar el negativo del *futuro idiomático* y el *pasado progresivo.*

I *am*	NOT	*going to* write a letter *tomorrow*
He *is*	NOT	*going to* write a letter *tomorrow*
They *are*	NOT	*going to* write a letter *tomorrow*
I *was*	NOT	*going to* write a letter *yesterday*
He *was*	NOT	*going to* write a letter *yesterday*
They *were*	NOT	*going to* write a letter *yesterday*

TRADUCCIÓN

Yo no voy a escribir una carta mañana
Él no va a escribir una carta mañana
Ellos no van a escribir una carta mañana
Yo no iba a escribir una carta ayer
Él no iba a escribir una carta ayer
Ellos no iban a escribir una carta ayer

Advierta ahora que los auxiliares *am, is, are, was* y *were* se anteponen a los pronombres *I, he, they,* etc., para formar el interrogativo del *futuro idiomático* y el *pasado progresivo.* Note asimismo que la posición de GOING TO es igual que la del afirmativo. Es decir, conserva el tercer lugar en las oraciones afirmativas e interrogativas.

AM	I	*going to* write a letter *tomorrow?*
IS	he	*going to* write a letter *tomorrow?*
ARE	they	*going to* write a letter *tomorrow?*
WAS	I	*going to* write a letter *yesterday?*
WAS	he	*going to* write a letter *yesterday?*
WERE	they	*going to* write a letter *yesterday?*

FORMA *TO BE ABLE* PARA EXPRESAR EL FUTURO DE *PODER: WILL BE ABLE*

Futuro del verbo PODER (can)

WILL BE ABLE { Empléase en todos los pronombres: *I, you, he, she, it, we, you, they* y equivale a: *podrá, podrás, podremos, podrán*

Observe la partícula *to* inmediatamente después de la forma *WILL BE ABLE*, es decir, el verbo que le siga a dicha forma siempre en *infinitivo (to write)*.

I	*WILL BE ABLE*	*to* write in English *very soon*
He	*WILL BE ABLE*	*to* write in English *very soon*
They	*WILL BE ABLE*	*to* write in English *very soon*

TRADUCCIÓN

Yo *podré* escribir en inglés muy pronto
Él *podrá* escribir en inglés muy pronto
Ellos *podrán* escribir en inglés muy pronto

NOTA: La traducción literal de **TO BE ABLE** es *ser capaz*, por tanto, I *will* BE ABLE significa literalmente *seré capaz*.

El verbo *can* (poder) carece de forma futura, toda vez que es defectivo, constando únicamente del presente *(can)* y el pasado *(could)*.

Advierta la palabra NOT inmediatamente después del auxiliar *will* y antes de BE ABLE para formar las negaciones.

I *will*	NOT	*be able to* write in English
He *will*	NOT	*be able to* write in English
They *will*	NOT	*be able to* write in English

Nótese ahora que el auxiliar *will* se antepone a los pronombres *I, he, they*, etc., para formar el interrogativo. Observe también que la posición de las palabras *BE ABLE* es igual que la del afirmativo, o sea que ocupan el tercer lugar en las oraciones. En este caso después de los pronombres.

WILL	I	*be able to* write in English *soon?*
WILL	he	*be able to* write in English *soon?*
WILL	they	*be able to* write in English *soon?*

TRADUCCIÓN

¿Podré escribir en inglés pronto?

¿Podrá él escribir en inglés pronto?

¿Podrán ellos escribir en inglés pronto?

LOS AUXILIARES CON EL VERBO *HAVE* (haber)
ESTRUCTURANDO LAS FORMAS
COMPUESTAS

Will	HAVE *written*	= habrá escrito
Would	HAVE *written*	= habría escrito
Could	HAVE *written*	= pudo haber escrito
May	HAVE *written*	= posiblemente haya escrito
Might	HAVE *written*	= podría haber escrito
Must	HAVE *written*	= debe haber escrito
Should	HAVE *written*	= debería haber escrito
Ought	*to* HAVE *written*	= debiera haber escrito

Observe el empleo de *HAVE* después de todos los auxiliares. Nótese la partícula *to* después de *ought,* así como el verbo en participio *(written:* escrito) después de HAVE.

He *will*	HAVE	*written* a letter
He *would*	HAVE	*written* a letter
He *could*	HAVE	*written* a letter
He *may*	HAVE	*written* a letter
He *might*	HAVE	*written* a letter
He *must*	HAVE	*written* a letter
He *should*	HAVE	*written* a letter
He *ought*	*to* HAVE	*written* a letter

Observe la palabra NOT después de los auxiliares *will,* *would, could,* etc., para formar las negaciones. Nótese también que HAVE, que equivale al verbo haber, es invariable.

He *will*	NOT	have *written* a letter
He *would*	NOT	have *written* a letter
He *could*	NOT	have *written* a letter
He *may*	NOT	have *written* a letter
He *might*	NOT	have *written* a letter
He *must*	NOT	have *written* a letter
He *should*	NOT	have *written* a letter
He *ought*	NOT	*to* have *written* a letter

Observe ahora que los auxiliares *will, would, could,* etc., se anteponen al pronombre *he* para formar el interrogativo.

Nótese asimismo que la posición de HAVE no ha variado si se compara con la del afirmativo. Es decir, conserva su tercer lugar.

WILL	he	*have written* a letter?
WOULD	he	*have written* a letter?
COULD	he	*have written* a letter?
MAY	he	*have written* a letter?
MIGHT	he	*have written* a letter?
MUST	he	*have written* a letter?
SHOULD	he	*have written* a letter?
OUGHT	he *to*	*have written* a letter?

PRIMER GRUPO

VERBOS CON FORMAS IDÉNTICAS EN EL PASADO Y PARTICIPIO PASADO PERO CON INFINITIVO DISTINTO

Clasificación: *OUGHT*

Características: Terminación *OUGHT* (ot) para pasado y participio pasado, cuya pronunciación es *ot*. (*Bought* pronúnciese b*ot*).

Infinitivo	Pasado	Participio Pasado
1. *to* buy (comprar)	b*OUGHT* (compró)	b*OUGHT* (comprado)
2. *to* bring (traer)	br*OUGHT* (trajo)	br*OUGHT* (traído)
3. *to* think (pensar o creer)	th*OUGHT* (pensó o creyó)	th*OUGHT* (pensado o creído)
4. *to* seek (buscar)	s*OUGHT* (buscó)	s*OUGHT* (buscado)
5. *to* fight (pelear, combatir)	f*OUGHT* (peleó, combatió)	f*OUGHT* (peleado, combatido)

Ejemplos ilustrativos de cómo emplear el verbo marcado con el número 1 en sus tiempos y formas fundamentales: clasificación *OUGHT*

Infinitivo

John wants *to* buy a new automobile.
(Juan quiere comprar un automóvil nuevo.)

Presente

(af.) They buy many groceries *every Saturday*.
(Ellos compran muchos víveres todos los sábados.)

(neg.) They DO NOT buy many groceries *every Saturday.*

(int.) DO they buy many groceries *every Saturday?*

Pasado

(af.) They b*OUGHT* many groceries *last Saturday.*
(Ellos compraron muchos víveres el sábado pasado.)

(neg.) They DID NOT *buy* many groceries *last Saturday.*

(int.) DID they *buy* many groceries *last Saturday?*

Antepresente

(af.) They *have* b*OUGHT* many clothes during this month.
(Ellos han comprado mucha ropa durante este mes.)

(neg.) They *have* NOT b*OUGHT* many clothes during this month.

(int.) *Have* they b*OUGHT* many clothes this month?

Ejemplos ilustrativos de cómo emplear el verbo marcado con el número 2 en sus tiempos y formas fundamentales: clasificación *OUGHT*.

Infinitivo

I expect *to* bring my camera to school.
(Espero traer mi cámara a la escuela.)

Presente

(af.) We bring presents for the family *every Christmas.*
(Traemos regalos para la familia cada Navidad.)

(neg.) We DO NOT bring presents for the family *every Christmas.*

(int.) DO we bring presents for the family *every Christmas?*

Pasado

(af.) We br*OUGHT* presents for the family *last Christmas.*
(Trajimos regalos para la familia la Navidad pasada.)

(neg.) We DID NOT *bring* presents for the family *last Christmas.*

(int.) DID we *bring* presents for the family *last Christmas?*

33

(af.)   He *has* br*OUGHT* the packages from the store.
          (Él ha traído los paquetes de la tienda.)
(neg.)   He *has* NOT br*OUGHT* the packages from the store.
(int.)   *Has* he br*OUGHT* the packages from the store?

Ejemplos ilustrativos de cómo emplear el verbo marcado con el número 3 en sus tiempos y formas fundamentales: clasificación *OUGHT*.

Infinitivo

I need *to* think about this matter carefully.
(Necesito pensar en este asunto cuidadosamente.)

Presente

(af.)   He think*s* *of* his family *every* day.
          (Él piensa en su familia todos los días.)
(neg.)   He DOES NOT think *of* his family *every* day.
(int.)   DOES he think *of* his family *every* day?

Pasado

(af.)   He th*OUGHT* *of* his family when he was away.
          (Él pensó en su familia cuando estuvo fuera.)
(neg.)   He DID NOT *think* *of* his family when he was away.
(int.)   DID he *think* *of* his family when he was away?

Antepresente

(af.)   You *have* th*OUGHT* *of* him very much lately.
          (Usted ha pensado mucho en él últimamente.)
(neg.)   You *have* NOT th*OUGHT* *of* him very much lately.
(int.)   *Have* you th*OUGHT* *of* him very much lately?

Ejemplos ilustrativos de cómo emplear el verbo marcado con el número 4 en sus tiempos y formas fundamentales: clasificación *OUGHT*.

Infinitivo

I intend *to* seek for another position next month.
(Tengo intenciones de buscar otra colocación el **mes** próximo.)

Presente

(af.) He seeks a good position.
(Él busca una buena colocación.)

(neg.) He DOES NOT seek a good position.

(int.) DOES he seek a good position?

Pasado

(af.) George sOUGHT for an apartment last year.
(Jorge buscó un departamento el año pasado.)

(neg.) George DID NOT seek for an apartment last year.

(int.) DID George seek for an apartment last year?

Antepresente

(af.) My uncle has sOUGHT for legal advice.
(Mi tío ha buscado consejo legal.)

(neg.) My uncle has NOT sOUGHT for legal advice.

(int.) Has my uncle sOUGHT for legal advice?

Ejemplos ilustrativos de cómo emplear el verbo marcado con el número 5 en sus tiempos y formas fundamentales: clasificación OUGHT.

Infinitivo

Richard does not like to fight with their friends.
(A Ricardo no le gusta pelear con sus amigos.)

Presente

(af.) John and Charles fight every day.
(Juan y Carlos se pelean todos los días.)

(neg.) John and Charles DO NOT fight every day.

(int.) DO John and Charles fight every day?

Pasado

(af.) My grandfather fOUGHT in the Civil War.
(Mi abuelo combatió en la guerra civil.)

(neg.) My grandfather DID NOT fight in the Civil War.

(int.) DID my granfather fight in the Civil War?

Antepresente

(af.) Those gangsters *have* fOUGHT among themselves.
(Esos hampones se han peleado entre ellos mismos.)
(neg.) Those gangsters *have* NOT fOUGHT among themselves.
(int.) *Have* those gangsters fOUGHT among themselves?

Sub-clasificación: *AUGHT* (pronúnciese igual que *ought:* ot)

Infinitivo	Pasado	Participio Pasado
1. *to* teach (enseñar)	tAUGHT (enseñó)	tAUGHT (enseñado)
2. *to* catch (coger, atrapar)	cAUGHT (cogió, atrapó)	cAUGHT (cogido, atrapado)

Ejemplos ilustrativos de cómo emplear el verbo marcado con el número 1 en sus tiempos y formas fundamentales: clasificación *AUGHT*.

Infinitivo

He plans *to* teach Anatomy in the university.
(Él proyecta enseñar Anatomía en la universidad.)

Presente

(af.) You teach Arithmetic *every day.*
(Usted enseña aritmética todos los días.)
(neg.) You DO NOT *teach* Arithmetic *every day.*
(int.) DO you *teach* Arithmetic *every day?*

Pasado

(af.) She tAUGHT English *last year.*
(Ella enseñó inglés el año pasado.)
(neg.) She DID NOT *teach* English *last year.*
(int.) DID she *teach* English *last year?*

36

(af.) She *has* t*AUGHT* them to speak Spanish.
(Ella les ha enseñado a hablar español.)

(neg.) She *has* NOT t*AUGHT* them to speak Spanish.

(int.) *Has* she t*AUGHT* them to speak Spanish?

Ejemplos ilustrativos de cómo emplear el verbo marcado con el número 2 en sus tiempos y formas fundamentales: clasificación *AUGHT*.

Infinitivo

He wants *to* catch the bus on time.
(Él quiere tomar [coger] el autobús a tiempo.)

Presente

(af.) You catch this bus *every day*.
(Usted toma [coge] este autobús todos los días.)

(neg.) You DO NOT *catch* this bus *every day*.

(int.) DO you *catch* this bus *every day?*

Pasado

(af.) Henry c*AUGHT* a cold *last week*.
(Enrique se resfrió [cogió un resfriado] la semana pasada.)

(neg.) Henry DID NOT *catch* a cold *last week*.

(int.) DID Henry *catch* a cold *last week?*

Antepresente

(af.) The policeman *has* c*AUGHT* the thief.
(El policía ha capturado [atrapado] al ladrón.)

(neg.) The policeman *has* NOT c*AUGHT* the thief.

(int.) *Has* the policeman c*AUGHT* the thief?

Clasificación: *EE* o *EA, E - T.*

Características: Los infinitivos de este grupo constan de dos vocales seguidas (to sl*ee*p, to l*ea*ve). En el pasado y participio pasado la segunda vocal desaparece y ambas formas terminan en *t* (slep*t*, lef*t*). En este caso la *ee* y la *ea* tienen un sonido equivalente a la *i* latina. En el pasado y participio pasado la *e* suena como en español.

Infinitivo	Pasado	Participio Pasado
1. *to* sl*EE*p (dormir)	sl*E*p*T* (durmió)	sl*E*p*T* (dormido)
2. *to* k*EE*p (guardar, con- servar)	k*E*p*T* (guardó, conservó)	k*E*p*T* (guardado, conser- vado)
3. *to* sw*EE*p (barrer)	sw*E*p*T* (barrió)	sw*E*p*T* (barrido)
4. *to* w*EE*p (llorar,	w*E*p*T* (lloró,	w*E*p*T* (llorado,
5. *to* cr*EE*p arrastrarse, des- lizarse)	cr*E*p*T* (se arrastró, se des- lizó)	cr*E*p*T* (arrastrado, desli- zado)

6. *to* f*EE*l (sentir)	f*E*l*T* (sintió)	f*E*l*T* (sentido)
7 *to* kn*EE*l (arrodillarse)	kn*E*l*T* (se arrodilló)	kn*E*l*T* (arrodillado)
8. *to* m*EE*t (encontrarse, co- nocerse)	m*E*T (se encontró, cono- ció)	m*E*T (encontrado, cono- cido)

9. *to* l*EA*ve (salir, dejar)	l*E*f*T* (salió, dejó)	l*E*f*T* (salido, dejado)
10. *to* ber*EA*ve (asolar, acongo- jar)	ber*E*f*T* (asoló, acongojó)	ber*E*f*T* (asolado, acongoja- do)

Ejemplos ilustrativos de cómo emplear el verbo marcado con el número 1 en sus tiempos y formas fundamentales: clasificación *EE* o *EA, E-T*

Infinitivo

Helen likes *to* sleep more than eight hours.
(A Elena le gusta dormir más de ocho horas.)

Presente

(af.) He!en sleeps eight hours *every day*.
(Elena duerme ocho horas todos los días.)
(neg.) Helen DOES NOT sleep eight hours *every day*
(int.) DOES Helen sleep eight hours *every day?*

Pasado

(af.) You slEpT very little *last night*.
(Tú dormiste muy poco anoche)
(neg.) You DID NOT sleep very little *last night*.
(int.) DID you sleep very little *last night?*

Antepresente

(af.) They *have* slEpT here lately.
(Ellos han dormido aquí últimamente.)
(neg.) They *have* NOT slEpT here lately.
(int.) *Have* they slEpT here lately?

Ejemplos ilustrativos de cómo emplear el verbo marcado con el número 2 en sus tiempos y formas fundamentales: clasificación *EE* o *EA, E-T.*

Infinitivo

He does not want *to* keep his money *in* the Bank.
(Él no quiere guardar su dinero en el banco.)

Presente

(af.) Mother keeps the bread hot in the oven *every day*.
(Mamá conserva el pan caliente en el horno todos los días.)

(neg.) Mother DOES NOT k*ep* the bread hot in the oven *every day.*

(int.) DOES mother k*ep* the bread hot in the oven *every day?*

Pasado

(af.) I k*Ep*T the keys *in* my pocket.
(Guardé las llaves en mi bolsillo.)

(neg.) I DID NOT k*ep* the keys *in* my pocket.

(int.) DID I k*ep* the keys *in* my pocket?

Antepresente

(af.) The girl *has* k*Ep*T the meat *in* the freezer.
(La muchacha ha guardado lá carne en el congelador.)

(neg.) The girl *has* NOT k*Ep*T the meat *in* the freezer.

(int.) *Has* the girl k*Ep*T the meat *in* the freezer?

Ejemplos ilustrativos de cómo emplear el verbo marcado con el número 3 en sus tiempos y formas fundamentales: clasificación *EE* o *EA, E-T.*

Infinitivo

The girl has *to* sw*ep* the floor every day.
(La muchacha tiene que barrer el piso todos los días.)

Presente

(af.) The girl sw*ep*s the floor *every day.*
(La muchacha barre el piso todos los días.)

(neg.) The girl DOES NOT sw*ep* the floor *every day.*

(int.) DOES the girl sw*ep* the floor *every day?*

Pasado

(af.) The girl sw*Ep*T the floor *yesterday.*
(La muchacha barrió el piso ayer.)

(neg.) The girl DID NOT sw*ep* the floor *yesterday.*

(int.) DID the girl sw*ep* the floor *yesterday?*

Antepresente

(af.) Mary *has* sw*E*p*T* the floor every day this week.
(María ha barrido el piso todos los días esta semana.)

(neg.) Mary *has* NOT sw*E*p*T* the floor every day this week.

(int.) *Has* Mary sw*E*p*T* the floor every day this week?

Ejemplos ilustrativos de cómo emplear el verbo marcado con el número 4 en sus tiempos y formas fundamentales: clasificación *EE* o *EA, E-T*.

Infinitivo

She does not have *to* weep all the time.
(Ella no tiene que sollozar todo el tiempo.)

Presente

(af.) Women usually weep easily over trivial things.
(Las mujeres generalmente lloran fácilmente por cosas triviales.)

(neg.) Women DO NOT usually weep easily over trivial things.

(int.) DO women usually weep easily over trivial things?

Pasado

(af.) The woman w*E*p*T* very much after the accident.
(La mujer lloró mucho después del accidente.)

(neg.) The woman DID NOT weep very much after the accident.

(int.) DID the woman weep very much after the accident?

Antepresente

(af.) They *have* w*E*p*T* quietly during the funeral.
(Ellos han llorado calladamente durante el funeral.)

(neg.) They *have* NOT w*E*p*T* quietly during the funeral.

(int.) *Have* they w*E*p*T* quietly during the funeral?

Ejemplos ilustrativos de cómo emplear el verbo marcado con el número 5 en sus tiempos y formas fundamentales: clasificación *EE* o *EA, E-T*.

Infinitivo

You do not have *to* creep on the floor.
(Tú no tienes que arrastrarte en el piso.)

Presente

(af.) Tigers creep quietly in the darkness.
(Los tigres se deslizan calladamente en la oscuridad.)

(neg.) Tigers DO NOT creep quietly in the darkness.

(int.) DO tigers creep quietly in the darkness?

Pasado

(af.) The lava from the volcano cr*Ep*T over the valley.
(La lava del volcán se deslizó sobre el valle.)

(neg.) The lava from the volcano DID NOT creep over the valley.

(int.) DID the lava from the volcano creep over the valley?

Antepresente

(af.) The little dog *has* cr*Ep*T over the ground.
(El perrito se ha arrastrado por el suelo.)

(neg.) The little dog *has* NOT cr*Ep*T over the ground.

(int.) *Has* the little dog cr*Ep*T over the ground?

Ejemplos ilustrativos de cómo emplear el verbo marcado con el número 6 en sus tiempos y formas fundamentales: clasificación *EE* o *EA, E T*.

Infinitivo

She likes *to* feel sorry for herself.
(Le gusta compadecerse a sí misma [sentir pena de sí misma].)

Presente

(af.) My grandfather feels tired *every morning*.
(Mi abuelo se siente cansado todas las mañanas.)

(neg.)   My grandfather DOES NOT feel tired *every morning*.

(int.)   DOES my grandfather feel tired *every morning?*

Pasado

(af.)   The students f*El*T tired after the tour *yesterday*.
(Los estudiantes se sintieron cansados después de la excursión, ayer.)

(neg.)   The students DID NOT feel tired after the tour *yesterday*.

(int).   DID the students feel tired after the tour *yesterday?*

Antepresente

(af.)   You *have* f*El*T cold during the Winter.
(Usted ha sentido frío durante el invierno.)

(neg.)   You *have* NOT f*El*T cold during the Winter.

(int.)   *Have* you f*El*T cold during the Winter?

Ejemplos ilustrativos de cómo emplear el verbo marcado con el número 7 en sus tiempos y formas fundamentales: clasificación *EE* o *EA, E-T*.

Infinitivo

You have *to* kneel in church.
(Usted tiene que arrodillarse en la iglesia.)

Presente

(af.)   Mary kneels in church *every day*.
(María se arrodilla en la iglesia todos los días.)

(neg.)   Mary DOES NOT kneel in church *every day*.

(int.)   DOES Mary kneel in church *every day?*

Pasado

(af.)   Mary kn*El*T in church *yesterday*.
(María se arrodilla en la iglesia todos los días.)

(neg.)   Mary DID NOT kneel in church *yesterday*.

(int.)   DID Mary kneel in church *yes.rday?*

(af.)   Mary *has* knE1T in church during Mass.
(María se ha arrodillado en la iglesia durante la misa.)

(neg.) Mary *has* NOT knE1T in church during Mass.

(int.) *Has* Mary knE1T in church during Mass?

Ejemplos ilustrativos de cómo emplear el verbo marcado con el número 8 en sus tiempos y formas fundamentales: clasificación *EE* o *EA, E-T*.

Infinitivo

I would like *to* meet new friends.
(Me gustaría conecer nuevas amistades.)

Presente

(af.)   They meet many friends at the club *every day*.
(Ellos encuentran muchos amigos en el club todos los días.)

(neg.) They DO NOT meet many friends at the club *every day*.

(int.) DO they meet many friends at the club *every day?*

Pasado

(af.)   They mET many friends at the club *yesterday*.
(Ellos se encontraron muchos amigos en el club ayer.)

(neg.) They DID NOT meet many friends at the club *yesterday*.

(int.) DID they meet many friends at the club *yesterday?*

Antepresente

(af.)   They *have* mET many people in New York.
(Ellos han conocido a mucha gente en Nueva York.)

(neg.) They *have* NOT mET many people in New York.

(int.) *Have* they mET many people in New York?

Ejemplos ilustrativos de cómo emplear el verbo marcado con el número 9 en sus tiempos y formas fundamentales: clasificación *EE* o *EA, E-T*.

Infinitivo

John wants *to* le*a*ve early.
(Juan quiere salir temprano.)

Presente

(af.)   He le*a*ves the office at six o'clock *every day*.
(Él sale de la oficina a la seis todos los días.)

(neg.) He DOES NOT le*a*ve the office at six o'clock *every day*.

(int.) DOES he le*a*ve the office at six o'clock *every day?*

Pasado

(af.)   He lEfT the office at six o'clock *yesterday*.
(El salió de la oficina a las seis ayer.)

(neg.) He DID NOT le*a*ve the office at six o'clock *yesterday*.

(int). DID he le*a*ve the office at six o'clock *yesterday?*

Antepresente

(af.)   Mr. Smith *has* lEfT the books on the table.
(El señor Smith ha dejado los libros sobre la mesa.)

(neg.) Mr. Smith *has* NOT lEfT the books on the table.

(int.) *Has* Mr. Smith lEfT the books on the table?

Ejemplos ilustrativos de cómo emplear el verbo marcado con el número 10 en sus tiempos y formas fundamentales: clasificación *EE* o *EA, E-T*.

Infinitivo

He does not want *to* bere*a*ve his family.
(Él no quiere acongojar a su familia.)

Presente

(af.)   Henry bere*a*ves his mother *every day*.
(Enrique acongoja a su madre todos los días.)

(neg.)   Henry DOES NOT ber*ea*ve his mother *every day*.
(int.)   DOES Henry ber*ea*ve his mother *every day?*

Pasado

(af.)   Henry ber*Ef*T his mother *yesterday*.
(Enrique acongojó a su madre ayer.)
(neg.)   Henry DID NOT ber*ea*ve his mother *yesterday*.
(int.)   DID Henry ber*ea*ve his mother *yesterday?*

Antepresente

(af.)   The hurricane *has* ber*Ef*T the valley.
(El ciclón ha asolado al valle.)
(neg.)   The hurricane *has* not ber*Ef*T the valley.
(int.)   *Has* the hurricane ber*Ef*T the valley?

Clasificación: *EE* o *EA, E-T.*

Características: Tanto el infinitivo como el pasado y participio pasado de esta clasificación poseen la combinación de las vocales *ea* (excepto *to dwell*). El pasado y participio pasado de estos verbos irregulares se forma añadiendo una *t* a cada uno de sus infinitivos. La combinación *ea* tiene sonido de *i* latina en el infinitivo y en el pasado y participio pasado de *e* castellana.

	Infinitivo	*Pasado*	*Participio Pasado*
1.	*to* de*al* (tratar, comerciar)	d*EA*lT (trató, comerció)	d*EA*lT (tratado, comerciado)
2.	*to* m*EA*n (significar, querer decir)	m*EA*nT (significó, quiso decir)	m*EA*nT (significado, querido decir)
3.	*to* le*ap* (saltar)	l*EA*pT (saltó)	l*EA*pT (saltado)
4.	*to* dwell (habitar)	dw*E*lT (habitó)	dw*E*lT (habitado)

Ejemplos ilustrativos de cómo emplear el verbo marcado con el número 1 en sus tiempos y formas fundamentales: clasificación *EA, EA-T.*

Infinitivo

I do not like *to deal* with those people.
(No me gusta comerciar con esa gente.)

Presente

(af.) They *deal* with many buyers *every day.*
(Ellos tratan con muchos compradores todos los días.)

(neg.) They DO NOT *deal* with many buyers *every day.*

(int.) DO they *deal* with many buyers *every day?*

47

(af.) They d*EA*l*T* with many buyers *last year*.
(Ellos trataron con muchos compradores el año pasado.)

(neg.) They DID NOT d*eal* with many buyers *last year*.

(int.) DID they d*eal* with many buyers *last year?*

Antepresente

(af.) Mr. Brown *has* d*EA*l*T* with foreign importers.
(El señor Brown ha comerciado con importadores extranjeros.)

(neg.) Mr. Brown *has* NOT d*EA*l*T* with foreign importers.

(int.) *Has* Mr. Brown d*EA*l*T* with foreign importers?

Ejemplos ilustrativos de cómo emplear el verbo marcado con el número 2 en sus tiempos y formas fundamentales: clasificación *EA*, *EA-T*.

Infinitivo

Monkeys like *to* leap from one tree-branch to another.
(A los monos les gusta saltar de una rama de un árbol a otra)

Presente

(af.) That monkey leaps inside his cage *every day*.
(Ese mono salta dentro de su jaula todos los días.)

(neg.) That monkey DOES NOT l*eap* inside his cage *every day*.

(int.) DOES that monkey leap inside his cage *every day?*

Pasado

(af.) That monkey l*EA*p*T* inside his cage *yesterday*.
(Ese mono saltó dentro de su jaula ayer.)

(neg.) That monkey DID NOT leap inside his cage *yesterday*.

(int.) DID that monkey l*eap* inside his cage *yesterday?*

Antepresente

(af.) The walrus *have* l*EA*p*T* during the circus show.
(Las morsas han saltado durante la función de circo.)

(neg.) The walrus *have* NOT lEApT during the circus show.

(int.) *Have* the walrus lEApT during the circus show?

Ejemplos ilustrativos de cómo emplear el verbo marcado con el número 4 en sus tiempos y formas fundamentales: clasificación *EA*, *EA-T*.

Infinitivo

My parents would like *to* dwell in a bigger house.
(A mis padres les gustaría habitar una casa más grande.)

Presente

(af.) Some primitive tribes dwell in huts.
(Algunas tribus no civilizadas habitan en chozas.)

(neg.) Some primitive tribes DO NOT dwell in huts.

(int.) DO some primitive tribes dwell in huts?

Pasado

(af.) The cave-man dwElT in caves many years *ago*.
(El hombre cavernario habitó en cuevas hace muchos años.)

(neg.) The cave-man DID NOT dwell in caves many years *ago*.

(int.) DID the cave-man dwell in caves many years *ago*?

Antepresente

(af.) Civilized people *have* dwElT in houses for many years.
(La gente civilizada ha habitado en casas por muchos años.)

(neg.) Civilized people *have* NOT dwElT in houses for many years.

(int.) *Have* civilized people dwElT in houses for many years?

Clasificación: *EE* o *EA, ED.*

Características: En este grupo los infinitivos constan de dos vocales seguidas (to feed, to lead) cuyo sonido equivale a la *i* latina. En el pasado y participio pasado se elimina una de las vocales quedando siempre la vocal *e*, conservando el mismo sonido que tiene en castellano.

Nótese que las tres formas terminan en *d*, excepto el infinitivo de *to flee* (huir).

Infinitivo	Pasado	Participio Pasado
1. *to* feed (dar de comer, alimentar)	f*ED* (dio de comer, alimentó)	f*ED* (dado de comer, alimentado)
2. *to* speed (acelerar)	sp*ED* (aceleró)	sp*ED* (acelerado)
3. *to* bleed (sangrar)	bl*ED* (sangró)	bl*ED* (sangrado)
4. *to* breed (criar, procrear)	br*ED* (crió, procreó)	br*ED* (criado, procreado)
5. *to* lead (conducir, guiar)	l*ED* (condujo, guió, dirigió)	l*ED* (conducido, guiado, dirigido)
6. *to* flee (huir)	fl*ED* (huyó)	fl*ED* (huido)

Sub-clasificación: *EA, EAD.*

Características: Obsérvese que las vocales *ea* son comunes en el infinitivo, en tanto que *ead* lo son el el pasado y participio pasado. *EA* tiene sonido de *i* latina en el infinitivo y en el pasado y participio pasado estas mismas vocales juntas tienen sonido de *e* castellana.

Infinitivo	Pasado	Participio Pasado
1. *to* read (leer)	r*EAD* (leyó)	r*EAD* (leído)
2. *to* hear (oir)	h*EA*r*D* (oyó)	h*EA*r*D* (oído)

Ejemplos ilustrativos de cómo emplear el verbo marcado con el número 1 en sus tiempos y formas fundamentales: clasificación *EE* o *EA, ED*.

Infinitivo

The little girl likes *to* feed the chicken.
(A la muchachita le gusta dar de comer a los pollos.)

Presente

(af.) She feeds the children *every day*.
(Ella da de comer a los niños todos los días.)
(neg.) She DOES NOT feed the children *every day*.
(int.) DOES she feed the children *every day?*

Pasado

(af.) She fED the children *yesterday*.
(Ella dio de comer a los niños ayer.)
(neg.) She DID NOT feed the children *yesterday*.
(int.) DID she feed the children *yesterday?*

Antepresente

(af.) They *have* fED themselves with milk and vegetables.
(Ellos se han alimentado con leche y verduras.)
(neg.) They *have* NOT fED themselves with milk and vegetables.
(int.) *Have* they fED themselves with milk and vegetables?

Ejemplos ilustrativos de cómo emplear el verbo marcado con el número 2 en sus tiempos y formas fundamentales: clasificación *EE* o *EA, ED*.

Infinitivo

John likes *to* speed his car on the highway.
(A Juan le gusta acelerar su auto en la carretera.)

Presente

(af.) He speeds his motorcycle on the free-way.
(Él acelera su motocicleta en el viaducto.)

(neg.)   He DOES NOT speed his motorcycle on the free-way.

(int.)   DOES he speed his motorcycle on the free-way?

Pasado

(af.)   He spED his motorcycle on the free-way *yesterday.*
(Él aceleró su motocicleta en el viaducto ayer.)

(neg.)   He DID NOT speed his motorcycle on the free-way *yesterday.*

(int.)   DID he speed his motorcycle on the free-way *yesterday?*

Antepresente

(af.)   John *has* spED his car on the highway.
(Juan ha acelerado su auto en la carretera.)

(neg.)   John *has* NOT spED his car on the highway.

(int.)   *Has* John spED his car on the highway?

Ejemplos ilustrativos de cómo emplear el verbo marcado con el número 3 en sus tiempos y formas fundamentales: clasificación *EE* o *EA, ED.*

Infinitivo

The wound does not have *to* bleed after de operation.
(La herida no tiene que sangrar después de la operación.)

Presente

(af.)   Robert bleeds through his nose because of the hot weather.
(Roberto sangra por la nariz debido al tiempo caluroso.)

(neg.)   Robert DOES NOT bleed through his nose because of the hot weather.

(int.)   DOES Robert bleed through his nose because of the hot weather?

Pasado

(af.)   Robert blED through his nose because of the hot weather.
(Roberto sangró por la nariz debido al tiempo caluroso.)

(neg.) Robert DID NOT bl*eed* through his nose because of the hot weather.

(int.) DID Robert bl*eed* through his nose because of the hot weather?

Antepresente

(af.) He *has* bl*ED* through his wound after the operation.
(Él ha sangrado por su herida después de la operación.)

(neg.) He *has* NOT bl*ED* through his wound after the operation.

(int.) *Has* he bl*ED* through his wound after the operation?

Ejemplos ilustrativos de cómo emplear el verbo marcado con el número 4 en sus tiempos y formas fundamentales: clasificación *EE* o *EA, ED*.

Infinitivo

My uncle plans *to* br*eed* race horses.
(Mi tío proyecta criar caballos de carreras.)

Presente

(af.) They br*eed* cattle on their ranch.
(Ellos crian ganado en su rancho.)

(neg.) They DO NOT br*eed* cattle on their ranch.

(int.) DO they br*eed* cattle on their ranch?

Pasado

(af.) They br*ED* cattle on their ranche *last year.*
(Ellos criaron ganado en su rancho el año pasado.)

(neg.) They DID NOT br*eed* cattle on their ranch *last year.*

(int.) DID they br*eed* cattle on their ranch *last year?*

Antepresente

(af.) They *have* br*ED* cattle *for many years.*
(Ellos han criado ganado por muchos años.)

(neg.) They *have* NOT br*ED* cattle *for many years.*

(int.) *Have* they br*ED* cattle *for many years?*

Ejemplos ilustrativos de cómo emplear el verbo marcado con el número 5 en sus tiempos y formas fundamentales: clasificación *EE* o *EA, ED*.

Infinitivo

He likes *to* lead people through the museum.
(A él le gusta guiar a la gente por el museo.)

Presente

(af.)   My cousin leads tourists through the city.
(Mi primo guía a los turistas por la ciudad.)

(neg.) My cousin DOES NOT lead tourists through the city.

(int.) DOES my cousin lead tourists through the city?

Pasado

(af.)   My cousin l*ED* some tourists through the city *yesterday*.
(Mi primo guió a unos turistas por la ciudad ayer.)

(neg.) My cousin DID NOT lead some tourists through the city *yesterday*.

(int.) DID my cousin lead some tourists through the city *yesterday?*

Antepresente

(af.)   He *has* l*ED* many tourists to the station.
(Él ha conducido a muchos turistas a la estación.)

(neg.) He *has* NOT l*ED* many tourists to the station.

(int.) *Has* he l*ED* many tourists to the station?

Ejemplos ilustrativos de cómo emplear el verbo marcado con el número 6 en sus tiempos y formas fundamentales: clasificación *EE* o *EA, ED*.

Infinitivo

They tried *to* flee to a free country.
(Ellos trataron de huir a un país libre.)

(af.)   Some birds fl*ee* to warmer climates *every year*.
(Algunas aves huyen a climas más cálidos todos los años.)

(neg.)   Some birds DO NOT fl*ee* to warmer climates every year.

(int.)   DO some birds fl*ee* to warmer climates *every year?*

Pasado

(af.)   Some birds fl*ED* to warmer climates *last year*.
(Algunas aves huyeron a climas más cálidos el año pasado.)

(neg.)   Some birds DID NOT fl*ee* to warmer climates *last year*.

(int.)   DID some birds fl*ee* to warmer climates *last year?*

Antepresente

(af.)   Some birds *have* fl*ED* to warmer lands during this winter.
(Algunas aves han huido a tierras más cálidas durante este invierno.)

(neg.)   Some birds *have* NOT fl*ED* to warmer lands during this Winter.

(int.)   *Have* some birds fl*ED* to warmer lands during this Winter?

Ejemplos ilustrativos de cómo emplear el verbo marcado con el número 1 en sus tiempos y formas fundamentales: subclasificación *EA, EAD*.

Infinitivo

Mi brother likes *to read* scientific books.
(A mi hermano le gusta leer libros científicos.)

Presente

(af.)   John re*ads* the newspaper *every night*.
(Juan lee el periódico todas las noches.)

(neg.) John DOES NOT read the newspaper *every night.*

(int.) DOES John read the newspaper *last night?*

Pasado

(af.) John r*EAD* the newspaper *last night.*
(Juan leyó el periódico anoche.)

(neg.) John DID NOT read the newspaper *last night.*

(int.) DID John read the newspaper *last night?*

Antepresente

(af.) Dr. Jones *has* r*EAD* many books during his life.
(El doctor Jones ha leído muchos libros durante su vida.)

(neg.) Dr. Jones *has* NOT r*EAD* many books during his life.

(int.) *Has* Dr. Jones r*EA*D many books during his life?

Ejemplos ilustrativos de cómo emplear el verbo marcado con el número 2 en sus tiempos y formas fundamentales: subclasificación *EA, EAD.*

Infinitivo

The teacher does not like *to* hear noise in the classroom.
(Al maestro no le gusta oir ruido en el aula.)

Presente

(af.) They always hear loud voices out in the street *every morning.*
(Ellos siempre oyen fuertes voces en la calle todas las mañanas.)

(neg.) They DO NOT always hear loud voices in the street *every morning.*

(int.) DO they always hear loud voices out in the street *every morning?*

Pasado

(af.) They h*EA*r*D* loud voices out in the street *last night.*
(Ellos oyeron fuertes voces en la calle anoche.)

(neg.)   They DID NOT hear loud voices out in the street *last night.*

(int.)   DID they hear loud voices out in the street *last night?*

Antepresente

(af.)   The employees *have* hEArD good news about the sharing of the profits.
(Los emp¹eados han oído buenas noticias acerca del reparto de utilidades.)

(neg.)   The employees *have* NOT.hEArD good news about the sharing of the profits.

(int.)   *Have* the employees hEArD good news about the sharing of the profits?

Clasificación. *D, T.*

Características: Todos sus infinitivos terminan en *d* (spen*d*), cuya consonante se cambia por *t* (spen*t*) para dar origen al pasado y participio pasado.

Infinitivo	Pasado	Participio Pasado
1. *to* spen*D** (gastar)	spen*T* (gastó)	spen*T* (gastado)
2. *to* sen*D* (enviar)	sen*T* (envió)	sen*T* (enviado)
3. *to* len*D* (prestar)	len*T* (prestó)	len*T* (prestado)
4. *to* ben*D* (doblar, encorvar)	ben*T* (dobló, encorvó)	ben*T* (doblado, encorvado)
5. *to* buil*D*** construir)	buil*T* (construyó)	buil*T* (construido)

* Empléase *to spend* en el sentido de gastar dinero o tiempo (pasar el tiempo cuando implica estancia, permanencia).
** La *u* de build, built, built, es muda.

Ejemplos ilustrativos de cómo emplear el verbo marcado con el número 1 en sus tiempos y formas fundamentales: clasificación *D, T.*

Infinitivo

I am going *to* spen*d* my vacation on the beach.
(Voy a pasar mis vacaciones en la playa.)

Presente

(af.)   John spen*ds* too much money *every Sunday.*
(Juan gasta demasiado dinero los domingos.)

(neg.)   John DOES NOT spend too much money *every Sunday.*

(int.)   DOES John spend too much money *every Sunday?*

Pasado

(af.)   John spen*T* too much money *last Sunday*.
         (Juan gastó demasiado dinero el domingo pasado.)

(neg.)   John DID NOT spen*d* too much money *last Sunday*.

(int.)   DID John spen*d* too much money *last Sunday?*

Antepresente

(af.)   They *have* spen*T* a long time in New York.
         (Ellos han pasado mucho tiempo en Nueva York.)

(neg.)   They *have* NOT spen*T* a long time in New York.

(int.)   *Have* they spen*T* a long time in New York?

Ejemplos ilustrativos de cómo emplear el verbo marcado con el número 2 en sus tiempos y formas fundamentales: clasificación *D, T.*

Infinitivo

You have *to* sen*d* those orders on time.
(Usted tiene que enviar esos pedidos a tiempo.)

Presente

(af.)   We sen*d* merchandise to them *every month*.
         (Les enviamos mercancía cada mes.)

(neg.)   We DO NOT sen*d* merchandise to them *every month*.

(int.)   DO we sen*d* merchandise to them *every month?*

Pasado

(af.)   We sen*T* merchandise to them *last month*.
         (Les enviamos mercancía el mes pasado.)

(neg.)   We DID NOT sen*d* merchandise to them *last month*.

(int.)   DID we sen*d* merchandise to them *last month?*

Antepresente

(af.)   He *has* sen*T* them the new catalogue.
         (Él les ha enviado el nuevo catálogo.)

(neg.) He *has* NOT sen*T* them the new catalogue.

(int.) *Has* he sen*T* them the new catalogue?

Ejemplos ilustrativos de cómo emplear el verbo marcado con el número 3 en sus tiempos y formas fundamentales: clasificación *D, T*.

Infinitivo

He aoes not like *to* len*d* his books.
(A él no le gusta prestar sus libros.)

Presente

(af.) My grandfather len*d*s us money *every month*.
(Mi abuelo nos presta dinero todos los meses.)

(neg.) My grandfather DOES NOT len*d* us money *every month*.

(int.) DOES my grandfather len*d* us money *every month?*

Pasado

(af.) My grandfather len*T* us money *last month*.
(Mi abue!o nos prestó dinero el mes pasado.)

(neg.) My grandfather DID NOT len*d* us money *last month*.

(int.) DID my grandfather len*d* us money *last month?*

Antepresente

(af.) Your parents *have* len*T* you their car *lately*.
(Tus padres te han prestado su auto últimamente.)

(neg.) Your parents *have* NOT len*T* you their car *lately*.

(int.) *Have* your parents len*T* you their car *lately?*

Ejemplos ilustrativos de cómo emplear el verbo marcado con el número 4 en sus tiempos y formas fundamentales: clasificación *D, T*.

Infinitivo

He does not want *to* ben*d* his arm.
(Él no quiere dcblar el brazo.)

60

(af.) Mary bends her knee before the altar *every Sunday.*
(María dobla su rodilla ante el altar todos los domingos.)

(neg.) Mary DOES NOT bend her knee before the altar *every Sunday.*

(int.) DOES Mary bend her knee before the altar *every Sunday?*

Pasado

(af.) Mary benT her knee before the altar *last Sunday.*
(María dobló su rodilla ante el altar el domingo pasado.)

(neg.) Mary DID NOT bend her knee before the altar *last Sunday.*

(int.) DID Mary bend her knee before the altar *last Sunday?*

Antepresente

(af.) John *has* benT the branch of that tree.
(Juan ha doblado la rama de ese árbol.)

(neg.) John *has* NOT benT the branch of that tree.

(int.) *Has* John benT the branch of that tree?

Ejemplos ilustrativos de cómo emplear el verbo marcado con el número 5 en sus tiempos y formas fundamentales: clasificación *D, T.*

Infinitivo

That young engineer is going *to* build another bridge.
(Ese joven ingeniero va a construir otro puente.)

Presente

(af.) My father builds many houses *every year.*
(Mi padre construye muchas casas cada año.)

(neg.) My father DOES NOT build many houses *every year.*

(int.) DOES my father build many houses *every year?*

Pasado

(af.)   My father buil*T* many houses *last year*.
(Mi padre construyó muchas casas el año pasado.)

(neg.)   My father DID NOT build many houses *last year*.

(int.)   DID my father build many houses *last year?*

Antepresente

(af.)   They *have* buil*T* a great stadium near the city.
(Ellos han construido un gran estadio cerca de la ciudad.)

(neg.)   They *have* NOT buil*T* a great stadium near the city.

(int.)   *Have* they buil*T* a great stadium near the city?

Clasificación: *I, U*.

Características: Infinitivos cuya vocal única es una *i* (cl*i*ng) que se cambia en *u* (cl*u*ng) para formar su pasado y participio pasado excepto en *to* h*a*ng (colgar). En este grupo la *i* tiene un sonido intermedio entre la *i* y la *e* *(i/e)* y la *u* suena como la *o* castellana. En *to* str*i*ke la *i* se pronuncia *ai*.

Infinitivo	*Pasado*	*Participio Pasado*
1. *to* swing (columpiar, mecer)	sw*U*ng (columpió, meció)	sw*U*ng (columpiado, mecido)
2. *to* wring (exprimir, torcer)	wr*U*ng (exprimió, torció)	wr*U*ng (exprimido, torcido)
3. *to* cling (pegarse, aferrarse)	cl*U*ng (se pegó, se aferró)	cl*U*ng (pegado, aferrado)
4. *to* string (enhebrar, ensartar)	str*U*ng (enhebró, ensartó)	str*U*ng (enhebrado, ensartado)
5. *to* sting (picar, pinchar)	st*U*ng (picó, pinchó)	st*U*ng (picado, pinchado)
6. *to* stick (clavar, pegar)	st*U*ck (clavó, pegó)	st*U*ck (clavado, pegado)
7. *to* str*i*ke* (golpear, dar golpes)	str*U*ck (golpeó, dio golpes)	str*U*ck (golpeado, dado golpes)
8. *to* h*a*ng** (colgar)	h*U*ng (colgó)	h*U*ng (colgado)

* El participio pasado también puede ser *stricken* y significa atacado de alguna enfermedad o fuerte emoción negativa: pánico, ira, etc.

** También es verbo regular (hang*ed*) y significa colgar (de ahorcar).

Ejemplos ilustrativos de cómo emplear el verbo marcado con el número 1 en sus tiempos y formas fundamentales: clasificación *I, U*.

Infinitivo

Children like *to* swing in meritots.
(A los niños les gusta mecerse en los columpios.)

Presente

(af.) Mary swings herself on the meritot *every day*.
(María se mece en el columpio todos los días.)

(neg.) Mary DOES NOT swing herself on the meritot *every day*.

(int.) DOES Mary swing herself on the meritot *every day?*

Pasado

(af.) Mary swUng herself on the meritot *yesterday*.
(María se meció en el columpio aver.)

(neg.) Mary DID NOT swing herself on the meritot *yesterday*.

(int.) DID Mary swing herself on the meritot *yesterday?*

Antepresente

(af.) You *have* swUng little John on the meritot *many times*.
(Usted ha mecido al pequeño Juan en el columpio muchas veces.)

(neg.) You *have* NOT swUng little John on the meritot *many times*.

(int.) *Have* you swUng little John on the meritot *many times?*

Ejemplos ilustrativos de cómo emplear el verbo marcado con el número 2 en sus tiempos y formas fundamentales: clasificación *I, U*.

Infinitivo

The maid has *to* wring the clothes.
(La criada tiene que exprimir la ropa.)

Presente

(af.)   The woman wrings the clothes *every day*.
(La mujer exprime la ropa todos los días.)

(neg.) The woman DOES NOT wring the clothes *every day*.

(int.)   DOES the woman wring the clothes *every day?*

Pasado

(af.)   The woman wr*U*ng the clothes *yesterday*.
(La mujer exprimió la ropa ayer.)

(neg.) The woman DID NOT wring the clothes *yesterday*.

(int.)   DID the woman wring the clothes *yesterday?*

Antepresente

(af.)   This washing-machine *has* wr*U*ng the clothes automatically.
(Esta lavadora ha exprimido la ropa automáticamente.)

(neg.) This washing-machine *has* NOT wr*U*ng the clothes automatically.

(int.)   *Has* this washing-machine wr*U*ng the clothes automatically?

Ejemplos ilustrativos de cómo emplear el verbo marcado con el número 3 en sus tiempos y formas fundamentales: clasificación *I, U*.

Infinitivo

He likes *to* cling to the idea that he is self-sufficient.
(Le gusta aferrarse a la idea de que es auto-suficiente.)

Presente

(af.)   These little puppies cl*i*ng to their mother at feeding time.
(Estos perritos se pegan a su madre a la hora del alimento.)

(neg.) These little puppies DO NOT cling to their mother at feeding time.

(int.)   DO these little puppies cling to their mother at feeding time?

Pasado

(af.)   These little puppies clUng to their mother at feeding time.
(Estos perritos se pegaron a su madre a la hora del alimento.)

(neg.)   These little puppies DID NOT cling to their mother at feeding time.

(int.)   DID these little puppies cling to their mother at feeding time?

Antepresente

(af.)   Little Mary *has* clUng to her mother's lap during storms.
(La pequeña María se ha pegado al regazo de su madre durante la tormenta.)

(neg.)   Little Mary *has* NOT clUng to her mother's lap during storms.

(int.)   *Has* little Mary clUng to her mother's lap during storms?

Ejemplos ilustrativos de cómo emplear el verbo marcado con el número 4 en sus tiempos y formas fundamentales: clasificación *I, U.*

Infinitivo

You have *to* string the thread carefully.
(Usted tiene que enhebrar el hilo con cuidado.)

Presente

(af.)   The women string the thread in the factory *every day.*
(Las mujeres enhebran el hilo en la fábrica todos los días.)

(neg.)   The woman DO NOT string the thread in the factory *every day.*

(int.)   DO the woman string the thread in the factory *every day?*

(af.)   The women strUng the thread in the factory *yesterday*.
(Las mujeres enhebraron el hilo en la fábrica ayer.)

(neg.) The women DID NOT string the thread in the factory *yesterday*.

(int.) DID the women string the thread in the factory *yesterday?*

Antepresente

(af.)   She *has* strUng many beads *lately*.
(Ella ha ensartado muchas cuentas últimamente.)

(neg.) She *has* NOT strUng many beads *lately*.

(int.) *Has* she strUng many beads *lately?*

Ejemplos ilustrativos de cómo emplear el verbo marcado con el número 5 en sus tiempos y formas fundamentales: clasificación *I, U*.

Infinitivo

Those bees are going *to* sting you, if you keep on bothering them.
(Esas abejas van a picarte, si sigues molestándolas.)

Presente

(af.)   These mosquitoes sting me *every night*.
(Estos mosquitos me pican todas las noches.)

(neg.) These mosquitoes DO NOT sting me *every night*.

(int.) DO these mosquitoes sting me *every night?*

Pasado

(af.)   These mosquitoes stUng me *last night*.
(Estos mosquitos me picaron anoche.)

(neg.) These mosquitoes DID NOT sting me *last night*.

(int.) DID these mosquitoes sting me *last night?*

Antepresente

(af.)   Those poisonous snakes *have* st*U*ng many people *lately*.
(Esas serpientes venenosas han picado a mucha gente últimamente.)

(neg.)   Those poisonous snakes *have* NOT st*U*ng many people *lately*.

(int.)   *Have* those poisonous snakes st*U*ng many people *lately?*

Ejemplos ilustrativos de cómo emplear el verbo marcado con el número 6 en sus tiempos y formas fundamentales: clasificación *I, U*.

Infinitivo

John does not have *to* stick chewing-gum on his desk.
(Juan no tiene que pegar chicle en su pupitre.)

Presente

(af.)   He sticks nails on boards *every day*.
(Él clava clavos en tablas todos los días.)

(neg.)   He DOES NOT stick nails on boards *every day*.

(int.)   DOES he stick nails on boards *every day?*

Pasado

(af.)   He st*U*ck nails on boards *yesterday*.
(Él clavó clavos en tablas ayer.)

(neg.)   He DID NOT stick nails on boards *yesterday*.

(int.)   DID he stick nails on boards *yesterday?*

Antepresente

(af.)   They *have* st*U*ck many labels on beer-bottles.
(Ellos han pegado muchas etiquetas en botellas de cerveza.)

(neg.)   They *have* NOT st*U*ck many labels on beer-bottles.

(int.)   *Have* they' st*U*ck many labels on beer-bottles?

Ejemplos ilustrativos de cómo emplear el verbo marcado con el número 7 en sus tiempos y formas fundamentales: clasificación *I, U*.

Infinitivo

Charles like *to* strike with a stick at his classmates in school.
(A Carlos le gusta dar golpes con un palo a sus compañeros de clases en la escuela.)

Presente

(af.) These boys strike at the orange-tree *every year*.
(Estos muchachos golpean al naranjo cada año.)

(neg.) These boys DO NOT strike at the orange-tree *every year*.

(int.) DO these boys strike at the orange-tree *every year?*

Pasado

(af.) These boys str*U*ck at the orange-tree *last year*.
(Estos muchachos golpearon al naranjo el año pasado.)

(neg.) These boys DID NOT strick at the orange-tree *last year*.

(int.) DID these boys strick at the orange-tree *last year?*

Antepresente

(af.) He *has* str*U*ck at the donkeys *many times*.
Él ha golpeado a los burros muchas veces.

(neg.) He *has* NOT str*U*ck at the donkeys *many times*.

(int.) *Has* he str*U*ck at the donkeys *many times?*

Ejemplos ilustrativos de cómo emplear el verbo marcado con el número 8 en sus tiempos y formas fundamentales: clasificación *I, U*.

Infinitivo

She has *to* hang her clothes *every day*.
(Ella tiene que colgar su ropa todos los días.)

Presente

(af.) The woman hangs the clothes after the washing.
(La mujer cuelga la ropa después del lavado.)

(neg.) The woman DOES NOT hang the clothes after the washing.

(int.) DOES the woman hang the clothes after the washing?

Pasado

(af.) The woman hUng the clothes after the washing.
(La mujer colgó la ropa después del lavado.)

(neg.) The woman DID NOT hang the clothes after the washing.

(int.) DID the woman hang the clothes after the washing?

Antepresente

(af.) She *has* hUng the picture *upon* a nail.
(Ella ha colgado el cuadro de un clavo.)

(neg.) She *has* NOT hUng the picture *upon* a nail.

(int.) *Has* she hUng the picture *upon* a nail?

Clasificación: *AY, AID*

Características: La terminación *ay* es la característica de todos los infinitivos pertenecientes a este grupo (to p*ay*). En el pasado y participio pasado dicha terminación *ay* se cambia por *aid* (p*aid*). La fonética de *ay* es *ei* y *aid* se pronuncia *eid*, excepto en *said* (pronúnciese *sed*).

Infinitivo	Pasado	Participio Pasado
1. *to* say (decir)	s*AID* (dijo)	s*AID* (dicho)
2. *to* p**ay** (pagar)	p*AID* (pagó)	p*AID* (pagado)
3. *to* l**ay** (colocar, poner huevos)	l*AID* (colocó, puso huevos)	l*AID* (colocado, puesto huevos)

Ejemplos ilustrativos de cómo emplear el verbo marcado con el número 1 en sus tiempos y formas fundamentales: clasificación *AY, AID*.

Infinitivo

What are you trying *to* s*ay?*
(¿Qué está usted tratando de decir?)

Presente

(af.) Peter s*ays* good night before going to bed.
(Pedro dice buenas noches antes de acostarse.)

(neg.) Peter DOES NOT s*ay* good night before going to bed.

(int.) DOES Peter s*ay* good night before going to bed?

Pasado

(af.) Peter s*AID* good night to us *last night.*
(Pedro nos dijo buenas noches anoche.)

71

(neg.)   Peter DID NOT *say* good night to us *last night.*

(int.)   DID Peter *say* good night to us *last night?*

Antepresente

(af.)   The newspapers *have* s*AID* many things about him.
(Los periódicos han dicho muchas cosas de él.)

(neg.)   The newspapers *have* NOT s*AID* many things about him.

(int.)   *Have* the newspapers s*AID* many things about him?

Ejemplos ilustrativos de cómo emplear el verbo marcado con el número 2 en sus tiempos y formas fundamentales: clasificación *AY, AID.*

Infinitivo

We have *to* p*ay* this bill immediately.
(Tenemos que pagar esta cuenta inmediatamente.)

Presente

(af.)   They p*ay* their bills *every month.*
(Ellos pagan sus cuentas todos los meses.)

(neg.)   They DO NOT p*ay* their bills *every month.*

(int.)   DO they p*ay* their bills *every month?*

Pasado

(af.)   They p*AID* their bills *last month.*
(Ellos pagaron sus cuentas el mes pasado.)

(neg.)   They DID NOT p*ay* their bills *last month.*

(int.)   DID they p*ay* their bills *last month?*

Antepresente

(af.)   My uncle *has* p*AID* too much for that house.
(Mi tío ha pagado demasiado por esa casa.)

(neg.)   My uncle *has* NOT p*AID* too much for that house.

(int.)   *Has* my uncle p*AID* too much for that house?

Ejemplos ilustrativos de cómo emplear el verbo marcado con el número 3 en sus tiempos y formas fundamentales: clasificación *AY, AID.*

Infinitivo

That brown hen is going *to lay* an egg soon.
(Esa gallina parda va a poner un huevo pronto.)

Presente

(af.) My hens *lay* eggs *every day.*
(Mis gallinas ponen huevos todos los días.)

(neg.) My hens DO NOT *lay* eggs *every day.*

(int.) DO my hens *lay* eggs *every day?*

Pasado

(af.) That white hen l*AID* many eggs *last month.*
(Esa gallina blanca puso muchos huevos el mes pasado.)

(neg.) That white hen DID NOT *lay* many eggs *last month.*

(int.) DID that white hen *lay* many eggs *last month?*

Antepresente

(af.) The president *has* l*AID* the first stone of that hospital.
(El presidente ha colocado la primera piedra de ese hospital).

(neg.) The president *has* NOT l*AID* the first stone of that hospital.

(int.) *Has* the presidente l*AID* the first stone of that hospital?

Clasificación: *IND, OUND.*

Características: Obsérvese que la combinación *ind,* que es rasgo común en los infinitivos, se transforma en *ound* para formar el pasado y participio pasado de esta clasificación. La fonética de *ind* es *áind* y la de *ound* es *áund.*

Infinitivo	Pasado	Participio Pasado
1. *to* find (encontrar)	f*OUND* (encontró)	f*OUND* (encontrado)
2. *to* bind (unir, atar)	b*OUND* (unió, ató)	b*OUND* (unido, atado)
3. *to* grind (triturar, moler)	gr*OUND* (trituró, molió).	gr*OUND* (triturado, molido)
4. *to* wind (dar cuerda, enrollar)	w*OUND* (dio cuerda, enrolló)	w*OUND* (dado cuerda, enrollado)

Ejemplos ilustrativos de cómo emplear el verbo marcado con el número 1 en sus tiempos y formas fundamentales: clasificación *IND, OUND.*

Infinitivo

I am trying *to* find a bigger apartment.
(Estoy tratando de encontrar un departamento más grande.)

Presente

(af.) Archeologists find interesting things in those ruins.
(Los arqueólogos encuentran cosas interesantes en esas ruinas.)

(neg.) Archeologists DO NOT find interesting things in those ruins.

(int.) DO archeologists find interesting things in those ruins?

(af.)   My brother f*OUND* fifty dollars on the street.
(Mi hermano encontró cincuenta dólares en la calle.)

(neg.)   My brother DID NOT find fifty dollars on the street.

(int.)   DID my brother find fifty dollars on the street?

Antepresente

(af.)   She *has* f*OUND* many mistakes in that writing.
(Ella ha encontrado muchos errores en ese escrito.)

(neg.)   She *has* NOT f*OUND* many mistakes in that writing.

(int.)   *Has* she f*OUND* many mistakes in that writing?

Ejemplos ilustrativos de cómo emplear el verbo marcado con el número 2 en sus tiempos y formas fundamentales: clasificación *IND, OUND.*

Infinitivo

You have *to* b*ind* everything very tightly.
(Usted tiene que unir todo muy fuertemente.)

Presente

(af.)   He b*inds* all the bundles together *every day.*
(Él ata todos los bultos juntos todos los días.)

(neg.)   He DOES NOT b*ind* all the bundles together *every day.*

(int.)   DOES he b*ind* all the bundles together *every day?*

Pasado

(af.)   He b*OUND* all the bundles together *yesterday.*
(Él ató todos los bultos juntos ayer.)

(neg.)   He DID NOT b*ind* all the bundles together *yesterday.*

(int.)   DID he b*ind* all the bundles together *yesterday?*

Antepresente

(af.)   They *have* b*OUND* all those sticks in one bundle.
(Ellos han atado todas esas varas en un montón.)

75

(neg.)   They *have* NOT b*OUND* all those sticks in one bundle.
(int.)   *Have* they b*OUND* all those sticks in one bundle?

Ejemplos ilustrativos de cómo emplear el verbo marcado con el número 3 en sus tiempos y formas fundamentales: clasificación *IND, OUND.*

Infinitivo

She will have *to* gr*ind* that corn very well.
(Ella tendrá que moler ese maíz muy bien.)

Presente

(af.)   That woman gr*ind*s corn *every day.*
(Esa mujer muele maíz todos los días.)
(neg.)   That woman DOES NOT gr*ind* corn *every day.*
(int.)   DOES that woman gr*ind* corn *every day?*

Pasado

(af.)   That woman gr*OUND* all the corn *yesterday.*
(Esa mujer molió todo el maíz ayer.)
(neg.)   That woman DID NOT gr*ind* all the corn *yesterday.*
(int.)   DID that woman gr*ind* all the corn *yesterday?*

Antepresente

(af.)   He *has* gr*OUND* many things with that machine.
(Él ha triturado muchas cosas con esa máquina.)
(neg.)   He *has* NOT gr*OUND* many things with that machine.
(int.)   *Has* he gr*OUND* many things with that machine?

Ejemplos ilustrativos de cómo emplear el verbo marcado con el número 4 en sus tiempos y formas fundamentales: clasificación *IND, OUND.*

Infinitivo

Do not forget *to* w*ind* the clock *every night.*
(No olvides dar cuerda al reloj de pared todas las noches.)

76

Presente

(af.)   Peter winds his watch before going to bed.
(Pedro da cuerda a su reloj antes de acostarse.)

(neg.) Peter DOES NOT wind his watch before going to bed.

(int.) DOES Peter wind his watch before going to bed?

Pasado

(af.)   Peter wOUND his watch before going to bed.
(Pedro dio cuerda a su reloj antes de acostarse.)

(neg.) Peter DID NOT wind his watch before going to bed.

(int.) DID Peter wind his watch before going to bed?

Antepresente

(af.)   Frank has wOUND the big clock many times.
(Paco le ha dado cuerda al reloj grande muchas veces.)

(neg.) Frank has NOT wOUND the big clock many times.

(int.) Has Frank wOUND the big clock many times?

Clasificación: *ELL, OLD.*

Características: La terminación del infinitivo *ell* (to *tell*) se cambia por *old* (t*old*) en el pasado y participio pasado. Fonética: *ell* se pronuncia *el* y *old* suena *ould*.

	Infinitivo	Pasado	Participio Pasado
1.	to t*ell* (decir, contar)	t*OLD* (dijo, contó)	t*OLD* (dicho, contado)
2.	to foret*ell* (predecir)	foret*OLD* (predijo)	foret*OLD* (predicho)
3.	to s*ell* (vender)	s*OLD* (vendió)	s*OLD* (vendido)

Ejemplos ilustrativos de cómo emplear el verbo marcado con el número 1 en sus tiempos y formas fundamentales: clasificación *ELL, OLD.*

Infinitivo

What do you intend *to tell* your parents?
(¿Qué tienes pensado decir a tus padres?)

Presente

(af.)   My father t*ell*s us to study.
(Mi padre nos dice que estudiemos.)

(neg.) My father DOES NOT t*ell* us to study.

(int.) DOES my father t*ell* us to study?

Pasado

(af.)   My father t*OLD* us to study.
(Mi padre nos dijo que estudiáramos.)

(neg.) My father DID NOT t*ell* us to study.

(int.) DID my father t*ell* us to study?

78

(af.)   She *has* tOLD him many things about her trip.
(Ella le ha contado a él muchas cosas acerca de su viaje.)

(neg.)   She *has* NOT tOLD him many things about her trip.

(int.)   *Has* she tOLD him many things about her trip?

Ejemplos ilustrativos de cómo emplear el verbo marcado con el número 2 en sus tiempos y formas fundamentales: clasificación *ELL, OLD.*

Infinitivo

Fortune-tellers pretend *to* foretell future events.
(Los adivinadores pretenden predecir acontecimientos futuros.)

Presente

(af.)   That gipsy foretells the fortune.
(Esa gitana predice la suerte.)

(neg.)   That gipsy DOES NOT foretell the fortune.

(int.)   DOES that gipsy foretell the fortune?

Pasado

(af.)   That famous astrologist foretOLD that disaster *last year.*
(Ese astrólogo famoso predijo ese desastre el año pasado.)

(neg.)   That famous astrologist DID NOT foretell that disaster *last year.*

(int.)   DID that famous astrologist foretell that disaster *last year?*

Antepresente

(af.)   Prophets *have* foretOLD the end of the world.
(Los profetas han predicho el fin del mundo.)

(neg.)   Prophets *have* NOT foretOLD the end of the world.

(int.)   *Have* prophets foretOLD the end of the world?

Ejemplos ilustrativos de cómo emplear el verbo marcado con el número 3 en sus tiempos y formas fundamentales: clasificación *ELL, OLD.*

Infinitivo

They have *to sell* that merchandise as soon as possible. (Ellos tienen que vender esa mercancía tan pronto como sea posible.)

Presente

(af.)   They *sell* their products in Latin America.
         (Ellos venden sus productos en América Latina.)

(neg.)   They DO NOT *sell* their products in Latin America.

(int.)   DO they *sell* their products in Latin America?

Pasado

(af.)   They s*OLD* their products in Latin America.
         (Ellos vendieron sus productos en América Latina.)

(neg.)   They DID NOT *sell* their products in Latin America.

(int.)   DID they *sell* their products in Latin America?

Antepresente

(af.)   France *has* s*OLD* machinery to Mexico *lately.*
         (Francia ha vendido maquinaria a México últimamente.)

(neg.)   France *has* NOT s*OLD* machinery to Mexico *lately.*

(int.)   *Has* France s*OLD* machinery to Mexico *lately?*

Clasificación: *STAND, STOOD.*

Características: La terminación *stand* del infinitivo se cambia por *stood* en el pasado y participio pasado. *Stood* se pronuncia *stud*.

Infinitivo	Pasado	Participio pasado
1. to stand (quedarse, estar de pie)	STOOD (se quedó, estuvo de pie)	STOOD (quedado, estado de pie)
2. to under*stand* (entender)	under*STOOD* (entendió)	under*STOOD* (entendido)
3. to with*stand* (resistir, oponer)	with*STOOD* (resistió, opuso)	with*STOOD* (resistido, opuesto)

Ejemplos ilustrativos de cómo emplear el verbo marcado con el número 1 en sus tiempos y formas fundamentales: clasificación *STAND, STOOD.*

Infinitivo

John likes *to stand* near the entrance.
(A Juan le gusta quedarse cerca de la entrada.)

Presente

(af.) John *stand*s on his feet in a crowded bus.
(Juan se queda de pie en un autobús atestado.)

(neg.) John DOES NOT *stand* on his feet in a crowded bus.

(int.) DOES John *stand* on his feet in a crowded bus?

Pasado

(af.) The pupils *STOOD* up when the teacher entered the clasroom.
(Los alumnos se pusieron de pie cuando el maestro entró al aula.)

81

(neg.) The pupils DID NOT *stand* up when the teacher entered the classroom.

(int.) DID the pupils *stand* up when the teacher entered the classroom?

Antepresente

(af.) Those students *have STOOD* up before the Mexican flag.
(Esos estudiantes se han puesto de pie ante la bandera mexicana.)

(neg.) Those students *have* NOT *STOOD* up before the Mexican flag.

(int.) *Have* those students *STOOD* up before the Mexican flag?

Ejemplos ilustrativos de cómo emplear el verbo marcado con el número 2 en sus tiempos y formas fundamentales clasificación *STAND, STOOD.*

Infinitivo

He has *to* under*stand* certain things.
(Él tiene que entender ciertas cosas.)

Presente

(af.) He under*stands* English well.
(Él entiende inglés bien.)

(neg.) He DOES NOT under*stand* English well.

(int.) DOES he under*stand* English well?

Pasado

(af.) They under*STOOD* the explanation *yesterday.*
(Ellos comprendieron la explicación ayer.)

(neg.) They DID NOT under*stand* the explanation *yesterday.*

(int.) DID they under*stand* the explanation *yesterday?*

Antepresente

(af.) You *have* unders*STOOD* me.
(Usted me ha comprendido.)

82

(neg.) You *have* NOT under*STOOD* me.
(int.) *Have* you under*STOOD* me?

Ejemplos ilustrativos de cómo emplear el verbo marcado con el número 3 en sus tiempos y formas fundamentales: clasificación *STAND, STOOD.*

Infinitivo

This ship has *to* with*stand* the storm.
(Este barco tiene que resistir la tormenta.)

Presente

(af.) That man with*stand*s to every kind of violence.
(Ese hombre se opone a toda clase de violencia.)

(neg.) That man DOES NOT with*stand* to every kind of violence.

(int.) DOES that man with*stand* to every kind of violence?

Pasado

(af.) That people with*STOOD* the foreign aggression.
(Ese pueblo resistió la agresión extranjera.)

(neg.) That people DID NOT with*stand* the foreign aggression.

(int.) DID that people with*stand* the foreign aggression?

Antepresente

(af.) That small nation *has* with*STOOD* the economic aggression.
(Esa pequeña nación ha resistido la agresión económica.)

(neg.) That small nation *has* NOT with*STOOD* the economic aggression.

(int.) *Has* that small nation withSTOOD the economic aggression?

Clasificación: *OLD, ELD.*

Características: La combinación *old* del infinitivo se cambia en *eld* para formar el pasado y participio pasado. La fonética de *old* es *óuld* y la de *eld* igual como se escribe

Infinitivo	Pasado	Participio Pasado
1. *to* h*old* (sostener, suje- tar)	h*ELD* (sostuvo, sujetó)	h*ELD* (sostenido, sujetado)
2. *to* beh*old* (contemplar)	beh*ELD* (contempló)	beh*ELD* (contemplado)
3. *to* withh*old* (retener).	withh*ELD* (retuvo)	withh*ELD* (retenido)

Ejemplos ilustrativos de cómo emplear el verbo marcado con el número 1 en sus tiempos y formas fundamentales: clasificación *OLD, ELD.*

Infinitivo

Mary likes *to* h*old* long conversations over the telephone. (A María le gusta sostener largas conversaciones por teléfono.)

Presente

(af.)   John h*old*s Mary's books on their way to school. (Juan sostiene los libros de María camino de la escuela.)

(neg.)   John DOES NOT h*old* Mary's books on their way to school.

(int.)   DOES John h*old* Mary's books on their way to school?

Pasado

(af.)   She h*ELD* the baby in her arms *yesterday*. (Ella sostuvo al bebé en sus brazos ayer.)

(neg.)   She DID NOT h*old* the baby in her arms *yesterday*.

(int.)   DID she h*old* the baby in her arms *yesterday?*

84

(af.) They *have* h*ELD* different theories on Mars.
(Ellos han sostenido diferentes teorías sobre Marte.)

(neg.) They *have* NOT h*ELD* different theories on Mars.

(int.) *Have* they h*ELD* different theories on Mars?

Ejemplos ilustrativos de cómo emplear el verbo marcado con el número 2 en sus tiempos y formas fundamentales: clasificación *OLD, ELD*.

Infinitivo

She likes *to* beh*old* that beautiful scenery.
(A ella le gusta contemplar ese bello paisaje.)

Presente

(af.) She beh*old*s the sunset *every afternoon*.
(Ella contempla la puesta del sol todas las tardes.)

(neg.) She DOES NOT beh*old* the sunset *every afternoon*.

(int.) DOES she beh*old* the sunset *every afternoon?*

Pasado

(af.) My parents beh*ELD* the view of Paris from the Eiffel Tower.
(Mis padres contemplaron la vista de París desde la Torre Eiffel.)

(neg.) My parents DID NOT beh*old* the view of Paris from the Eiffel Tower.

(int.) DID my parents beh*old* the view of Paris from the Eiffel Tower?

Antepresente

(af.) He *has* beh*ELD* that picture *many times*.
(Él ha contemplado ese cuadro muchas veces.)

(neg.) He *has* NOT beh*ELD* that picture *many times*.

(int.) *Has* he beh*ELD* that picture *many times?*

Ejemplos ilustrativos de cómo emplear el verbo marcado con el número 3 en sus tiempos y formas fundamentales: clasificación *OLD, ELD*.

Infinitivo

He does not have *to* withh*old* my salary.
(Él no tiene por qué retener mi sueldo.)

Presente

(af.)   My employer withh*olds* my income-tax *every month*.
(Mi patrón retiene mis impuestos sobre la renta todos los meses.)

(neg.)   My employer DOES NOT withh*old* my income-tax *every month*

(int.)   DOES my employer withh*old* my income-tax *every month?*

Pasado

(af.)   The immigration service withh*ELD* our passports.
(El servicio de inmigración retuvo nuestros pasaportes.)

(neg.)   The immigration service DID NOT withh*eld* our passports.

(int.)   DID the immigration service withh*eld our passports?*

Antepresente

(af.)   The inspector *has* withh*ELD* those documents.
(El inspector ha retenido esos documentos.)

(neg.)   The inspector *has* NOT withh*ELD* those documents.

(int.)   *Has* the inspector withh*ELD* those documents?

Clasificación: *I-E, ID* o *IT.*

Características: Obsérvese que entre las vocales *i-e* se interpone la consonante *t* o *d* (*to bite, to hide*) en todos los infinitivos excepto en *to light.* En el pasado y participio pasado, la vocal *e* se elimina (*bit, hid*).
La *i* del infinitivo tiene sonido de *ai* y la *e* es muda. En el pasado y participio pasado la *i* suena como en español.

Infinitivo	*Pasado*	*Participio Pasado*
1. *to* hide (esconder)	h*I*D (escondió)	h*I*D* (escondido)
2. *to* slide (deslizar, resbalar)	sl*I*D (deslizó, resbaló)	sl*I*D* (deslizado, resbalado)
3. *to* chide (reprender)	ch*I*D (reprendió)	ch*I*D* (reprendido)
4. *to* bite (morder, picar)	b*I*T (mordió, picó)	b*I*T* (mordido, picado)
5. *to* light (encender)	l*I*T (encendió)	l*I*T (encendido)

* Sus participios pasados también pueden ser: h*i*dden, sl*i*dden, ch*i*dden y b*i*tten respectivamente, y cuya *i* tiene el mismo sonido que en castellano.

Ejemplos ilustrativos de cómo emplear el verbo marcado con el número 1 en sus tiempos y formas fundamentales: clasificación *I-E, ID* o *IT.*

Infinitivo

What are you trying *to* hide?
(¿Qué estás tratando de esconder?)

Presente

(af.)   Charles h*i*des from his friends *every day.*
(Carlos se esconde de sus amigos todos los días.)

87

(neg.)   Charles DOES NOT hide from his friends *every day.*

(int.)   DOES Charles hide from his friends *every day?*

Pasado

(af.)   The thief h*ID* from the police.
(El ladrón se escondió de la policía.)

(neg.)   The thief DID NOT hide from the police.

(int.)   DID the thief hide from the police?

Antepresente

(af.)   He *has* h*ID* (h*idden*) his money under the mattress.
(Él ha escondido su dinero debajo del colchón.)

(neg.)   He *has* NOT h*ID* (h*idden*) his money under mattress.

(int.)   *Has* he h*ID* (h*idden*) his money under the mattress?

Ejemplos ilustrativos de cómo emplear el verbo marcado con el número 2 en sus tiempos y formas fundamentales: clasificación *I-E, ID* o *IT.*

Infinitivo

Eskimos like *to* slide on their sleighs.
(A los esquimales les gusta deslizarse en sus trineos.)

Presente

(af.)   That sleigh slides swiftly on the snow.
(Ese trineo se desliza rápidamente en la nieve.)

(neg.)   That sleigh DOES NOT slide swiftly on the snow.

int.)   DOES that sleigh slide swiftly on the snow?

Pasado

(af.)   That sleigh sl*ID* swiftly on the snow *yesterday.*
(Ese trineo se deslizó rápidamente en la nieve ayer.)

(neg.)   That sleigh DID NOT slide swiftly on the snow.

(int.)   DID that sleigh slide swiftly on the snow *yesterday?*

Antepresente

(af.) You *have* sl*I*D (sl*idden*) because of this slippery floor.
(Usted ha resbalado debido a este piso resbaloso.)

(neg.) You *have* NOT sl*I*D (sl*idden*) because of this slippery floor.

(int.) *Have* you sl*I*D (sl*idden*) because of this slippery floor?

Ejemplos ilustrativos de cómo emplear el verbo marcado con el número 3 en sus tiempos y formas fundamentales: clasificación *I-E, ID* o *IT*.

Infinitivo

The teacher does not like *to* ch*ide* his pupils.
(Al maestro no le gusta reprender a sus alumnos.)

Presente

(af.) The teacher ch*ides* the mischievous pupils *every day*.
(El maestro reprende a los alumnos traviesos todos los días.)

(neg.) The teacher DOES NOT ch*ide* the mischievous pupils *every day*.

(int.) DOES the teacher ch*ide* the mischievous pupils *every day?*

Pasado

(af.) The teacher ch*ID* a mischievous pupil *yesterday*.
(El maestro regañó a un alumno travieso ayer.)

(neg.) The teacher DID NOT ch*ide* a mischievous pupil *yesterday*.

(int.) DID the teacher ch*ide* a mischievous pupil *yesterday?*

Antepresente

(af.) The teacher *has* ch*ID* (ch*idden*) them many times.
(El maestro los ha reprendido muchas veces.)

(neg.) The teacher *has* NOT ch*ID* (ch*idden*) them many times.

(int.) *Has* the teacher ch*ID* (ch*idden*) them many times?

Ejemplos ilustrativos de cómo emplear el verbo marcado con el número 4 en sus tiempos y formas fundamentales: clasificación *I-E, ID* o *IT*.

Infinitivo

That dog is going *to* b*i*te you, if you keep on bothering him.
(Ese perro va a morderte si sigues molestándolo.)

Presente

(af.)   The mosquitoes b*i*te him *every night.*
(Los mosquitos lo pican todas las noches.)

(neg.)   The mosquitoes DO NOT b*i*te him *every night.*

(int.)   DO the mosquitoes b*i*te him *every night?*

Pasado

(af.)   A mad dog b*I T* Charles *last year.*
(Un perro rabioso mordió a Carlos el año pasado.)

(neg.)   A mad dog DID NOT b*i*te Charles *last year.*

(int.)   DID a mad dog *bite* Charles *last year?*

Antepresente

(af.)   Mosquitoes *have* b*I T* (b*i*tten) them *many times.*
(Los mosquitos los han picado muchas veces.)

(neg.)   Mosquitoes *have* NOT b*I T* (b*i*tten) them *many times.*

(int.)   *Have* mosquitoes b*I T* (b*i*tten) them *many times?*

Ejemplos ilustrativos de cómo emplear el verbo marcado con el número 5 en sus tiempos y formas fundamentales: clasificación *I-E, ID* o *IT*.

Infinitivo

He does not have *to* light his cigarette near the gasoline can.
(Él no tiene que encender su cigarrillo cerca de la lata de gasolina.)

Presente

(af.) My father lights his cigarettes with a new lighter.
(Mi padre enciende sus cigarrillos con un encendedor nuevo.)

(neg.) My father DOES NOT light his cigarettes with a new lighter.

(int.) DOES my father light his cigarettes with a new lighter?

Pasado

(af.) Mr. Brown l/T his pipe with a match *yesterday*.
(El señor Brown encendió su pipa con un cerillo ayer.)

(neg.) Mr. Brown DID NOT light his pipe with a match *yesterday*.

(int.) DID Mr. Brown light his pipe with a match *yesterday?*

Antepresente

(af.) They *have* l/T their cigars with wooden matches.
(Ellos han encendido sus puros con cerillos de madera.)

(neg.) They *have* NOT l/T their cigars with wooden matches.

(int.) *Have* they l/T thier cigars with wooden matches?

Clasificación: *O,O.*

Características: Observe que el único rasgo que caracteriza a esta agrupación verbal es la vocal *o,* la cual es común en todos ellos tanto en el pasado como en el participio pasado. Por otra parte, también se advertirá que su infinitivo es distinto.

En cuanto a la fonética de los infinitivos, la *o* de *lose* tiene sonido de *u* y la *e* final es muda. En *shoot* la doble *o* suena como *u.* En *shine,* la *i* se pronuncia *ai* y la vocal *a* de *wake* suena *ei,* siendo muda su *e* final.

Tanto los pasados y participios pasados se pronuncian como se escriben, salvo los que constan de *e* finales que son mudas.

Infinitivo	Pasado	Participio Pasado
1. *to* win (ganar)	wOn (ganó)	wOn (ganado)
2. *to* lose (perder)	lOst (perdió)	lOst (perdido)
3. *to* shoot (disparar)	shOt (disparó)	shOt (disparado)
4. *to* shine (brillar)	shOne* (brilló)	shOne* (brillado)
5. *to* wake (despertar)	wOke (despertó)	wOke (despertado)

* Empléase la forma regular shin*ed* en el pasado y participio pasado de *shine,* cuando éste implica *lustrar zapatos.*

Ejemplos ilustrativos de cómo emplear el verbo marcado con el número 1 en sus tiempos y formas fundamentales: clasificación *O, O.*

Infinitivo

They will try *to* win the next foot-ball game.
(Ellos tratarán de ganar el próximo juego de foot-ball.)

Presente

(af.)   Those players win all the games *every year*.
       (Esos jugadores ganan todos los juegos todos los años.)

(neg.) Those players DO NOT win all the games *every year*.

(int.)   DO those players win all the games *every year?*

Pasado

(af.)   He wOn the world's championship *last year*.
       (Él ganó el campeonato mundial el año pasado.)

(neg.) He DID NOT *win* the world's championship *last year*.

(int.)   DID he *win* the world's championship *last year?*

Antepresente

(af.)   Mary *has* wOn many beauty contests.
       (María ha ganado muchos concursos de belleza.)

(neg.) Mary *has* NOT wOn many beauty contests.

(int.)   *Has* Mary wOn many beauty contests?

Ejemplos ilustrativos de cómo emplear el verbo marcado con el número 2 en sus tiempos y formas fundamentales: clasificación O, O.

Infinitivo

You are not going *to* lose money in that investment.
(Usted no va a perder dinero en esa inversión.)

Presente

(af.)   They lose money in those business *every year*.
       (Ellos pierden dinero en esos negocios todos los años.)

(neg.) They DO NOT lose money in those business *every year*.

(int.)   DO they lose money in those business *every year?*

Pasado

(af.)   Charles lOst his English book *last week*.
       (Carlos perdió su libro de inglés la semana pasada.)

(neg.) Charles DID NOT *lose* his English book *last week.*

(int.) DID Charles *lose* his English book *last week?*

Antepresente

(af.) They *have* lOst many games *during this season.*
(Ellos han perdido muchos partidos durante esta temporada.)

(neg.) They *have* NOT lOst many games *during this season.*

(int.) *Have* they lOst many games *during this season?*

Ejemplos ilustrativos de cómo emplear el verbo marcado con el número 3 en sus tiempos y formas fundamentales. Clasificación: *O, O*

Infinitivo

They like *to* shoot at the birds in the country.
(A ellos les gusta disparar a las aves en el campo.)

Presente

(af.) Robert shoots at pigeons *every week.*
(Roberto le dispara a las palomas cada semana.)

(neg.) Robert DOES NOT shoot at pigeons *every week.*

(int.) DOES Robert shoot at pigeons *every week?*

Pasado

(af.) They shOt at a tiger in the jungle.
(Ellos le dispararon a un tigre en la selva.)

(neg.) They DID NOT *shoot* at a tiger in the jungle.

(int.) DID they *shoot* at a tiger in the jungle?

Antepresente

(af.) Those hunters *have* shOt at many animals.
(Esos cazadores le han disparado a muchos animales.)

(neg.) Those hunters *have* NOT shOt at many animales.

(int.) *Have* those hunters shOt at many animals?

Ejemplos ilustrativos de cómo emplear el verbo marcado con el número 4 en sus tiempos y formas fundamentales: clasificación O, O.

Infinitivo

The sun is going *to* shine soon.
(El sol va a brillar pronto.)

Presente

(af.) The sun shines *every day*.
(El sol brilla todos los días.)

(neg.) The sun DOES NOT shine *every day*.

(int.) DOES the sun shine *every day?*

Pasado

(af.) The sun shOne very brightly *yesterday*.
(El sol brilló muy refulgentemente ayer.)

(neg.) The sun DID NOT *shine* very brightly *yesterday*.

(int.) DID the sun *shine* very brightly *yesterday?*

Antepresente

(af.) The sun *has* shOne every day *this Summer*.
(El sol ha brillado todos los días este verano.)

(neg.) The sun *has* NOT shOne every day *this Summer*.

(int.) *Has* the sun shOne every day *this Summer?*

Ejemplos ilustrativos de cómo emplear el verbo marcado con el número 5 en sus tiempos y formas fundamentales: clasificación O, O.

Infinitivo

I will try *to* wake earlier tomorrow.
(Trataré de despertar más temprano mañana.)

95

Presente

(af.)   Paul wakes early *every morning*.
         (Pablo se despierta temprano todas las mañanas.)

(neg.)   Paul DOES NOT wake early *every morning*.

(int.)   DOES Paul wake early *every morning?*

Pasado

(af.)   You w*O*ke me very late *yesterday morning*.
         (Usted me despertó muy tarde ayer en la mañana.)

(neg.)   You DID NOT *wake* me very late *yesterday morning*.

(int.)   DID you *wake* me very late *yesterday morning?*

Antepresente

(af.)   They *have* w*O*ke early because of the alarm clock.
         (Ellos se han despertado temprano debido al reloj despertador.)

(neg.)   They *have* NOT w*O*ke early because of the alarm clock.

(int.)   *Have* they w*O*ke early because of the alarm clock?

Clasificación: *A, A.*

Características: Observe que estos tres verbos irregulares tienen en común la vocal *a* en sus pasado y participio pasado. Sus infinitivos son distintos.

Dicha vocal *a* posee un sonido intermedio entre la *a* y la *e (a/e)* en *sat* y *have*. En cambio se pronuncia *ei* en *make* y *made*. Las *e* finales son mudas.

Infinitivo	*Pasado*	*Participio Pasado*
1. *to* sit (sentarse)	sAt (se sentó)	sAt (sentado)
2. *to* have (tener, haber)	hAd (tuvo, hubo)	hAd (tenido, habido)
3. *to* make (hacer, manufacturar)	mAde (hizo, manufacturó)	mAde (hecho, manufacturado)

Ejemplos ilustrativos de cómo emplear el verbo marcado con el número 1 en sus tiempos y formas fundamentales: clasificación *A, A.*

Infinitivo

My grandfather likes *to* sit in his easy-chair.
(A mi abuelo le gusta sentarse en su sofá.)

Presente

(af.) They sit in the park *every Sunday*.
(Ellos se sientan en el parque todos los domingos.)

(neg.) They DO NOT sit in the park *every Sunday*.

(int.) DO they sit in the park *every Sunday?*

Pasado

(af.) John sAt in the waiting-room for a long time *yesterday*.
(Juan se sentó en la sala de espera mucho tiempo ayer.)

97

(neg.) John DID NOT *sit* in the waiting-room for a long time *yesterday.*

(int.) DID John *sit* in the waiting-room for a long time *yesterday?*

Antepresente

(af.) They *have* sΛt on that bench many times.
(Ellos se han sentado en ese banco muchas veces.)

(neg.) They *have* NOT sΛt on that bench many times.

(int.) *Have* they sΛt on that bench many times?

Ejemplos ilustrativos de cómo emplear el verbo marcado con el número 2 en sus tiempos y formas fundamentales: clasificación *A, A.*

Infinitivo

We are going *to* have another child soon.
(Vamos a tener otro niño pronto.)

Presente

(af.) Robert has a house in the country.
(Roberto tiene una casa en el campo.)

(neg.) Robert DOES NOT have a house in the country.

(int.) DOES Robert have a house in the country?

Pasado

(af.) That man hΛd a ranch *many years ago.*
(Ese hombre tuvo un rancho hace muchos años.)

(neg.) That man DID NOT *have* a ranch *many years ago.*

(int.) DID that man *have* a ranch *many years ago?*

Antepresente

(af.) They *have* hΛd too much work *lately.*
(Ellos han tenido demasiado trabajo últimamente.)

(neg.) They *have* NOT hΛd too much work *lately.*

(int.) *Have* they hΛd too much work *lately?*

Ejemplos ilustrativos de cómo emplear el verbo marcado con el número 3 en sus tiempos y formas fundamentales: clasificación *A, A.*

Infinitivo

That country plans *to* make faster airplanes.
(Ese país proyecta hacer aviones más rápidos.)

Presente

(af.)   They make good furniture.
          (Ellos hacen buenos muebles.)

(neg.)   They DO NOT make good furniture.

(int.)   DO they make good furniture?

Pasado

(af.)   Henry m*A*de many mistakes *yesterday.*
          (Enrique hizo muchos errores ayer.)

(neg.)   Henry DID NOT *make* many mistakes *yesterday.*

(int.)   DID Henry *make* many mistakes *yesterday?*

Antepresente

(af.)   That carpenter *has* m*A*de many tables and chairs.
          (Ese carpintero ha hecho muchas mesas y sillas.)

(neg.)   That carpenter *has* NOT m*A*de many tables and chairs.

(int.)   *Has* that carpenter m*A*de many tables and chairs?

SEGUNDO GRUPO

VERBOS CON FORMAS DISTINTAS EN EL INFINITIVO, PASADO Y PARTICIPIO PASADO

Clasificación: *IN, AN, UN.*

Características: El rasgo común en los infinitivos es la combinación *in*, en el pasado la *an* y en el participio pasado la *un* (excepto en *swim, swam, swum,* que consta de *m* en lugar de *n*).

Fonética: Pronúnciese la *i* con la abertura de la *e* castellana, pero tratando de emitir el sonido de la *i* latina, logrando así un sonido entre la *i* y la *e* *(a/e)* y la *u* con sonido equivalente a la *o* española.

Infinitivo	Pasado	Participio Pasado
IN	AN	UN
1. *to* beg*IN* (empezar)	beg*AN* (empezó)	beg*UN* (empezado)
2. *to* dr*IN*k (beber)	dr*AN*k (bebió)	dr*UN*k (bebido)
3. *to* s*IN*k (hundirse)	s*AN*k (se hundió)	s*UN*k (hundido)
4. *to* st*IN*k (apestar)	st*AN*k (apestó)	st*UN*k (apestado)
5. *to* shr*IN*k (encogerse)	shr*AN*k (se encogió)	shr*UN*k (encogido)
6. *to* sw*IM* (nadar)	sw*AM* (nadó)	sw*UM* (nadado)
7. *to* s*IN*g (cantar)	s*AN*g (contó)	s*UN*g (cantado)
8. *to* r*IN*g (sonar, tocar)	r*AN*g (sonó, tocó)	r*UN*g (sonado, tocado)
9. *to* run (correr)	r*AN* (corrió)	r*UN* (corrido)

NOTA: To begin, to swim, y to run duplican su consonante final en el gerundio: begin*N*ing, swim*M*ing, run*N*ing.

Ejemplos ilustrativos de cómo emplear el verbo marcado con el número 1 en sus tiempos y formas fundamentales: clasificación *IN, AN, UN*.

Infinitivo

I have *to* beg*IN* this assignment as soon as possible.
(Tengo que empezar este trabajo tan pronto como sea posible.)

Presente

(af.) The teacher beg*IN*s the clase early *every day*.
(El maestro empieza la clase temprano todos los días.)

(neg.) The teacher DOES NOT beg*IN* the class early *every day*.

(int.) DOES the teacher beg*IN* the class early *every day?*

Pasado

(af.) The teacher beg*AN* the class very late *yesterday*.
(El maestro empezó la clase muy tarde ayer.)

(neg.) The teacher DID NOT beg*in* the class very late *yesterday*.

(int.) DID the teacher beg*in* the class very late *yesterday?*

Antepresente

(af.) Robert *has* beg*UN* an intensive training.
(Roberto ha empezado un entrenamiento intensivo.)

(neg.) Robert *has* NOT beg*UN* an intensive training.

(int.) *Has* Robert beg*UN* an intensive training?

Ejemplos ilustrativos de cómo emplear el verbo marcado con el número 2 en sus tiempos y formas fundamentales: clasificación *IN, AN, UN*.

Infinitivo

I like *to* dr*IN*k coffee in the morning.
(Me gusta tomar café en la mañana.)

(af.) Paul dr*IN*ks coffee in the morning.
(Pablo toma café en la mañana.)
(neg.) Paul DOES NOT dr*IN*k coffee in the morning.
(int.) DOES Paul dr*IN*k coffee in the morning?

Pasado

(af.) Paul dr*AN*k coffee *yesterday morning.*
(Pablo tomó café ayer en la mañana.)
(neg.) Paul DID NOT drink coffee *yesterday morning.*
(int.) DID Paul drink cofee *yesterday morning?*

Antepresente

(af.) Paul *has* dr*UN*k too much coffee.
(Pablo ha tomado demasiado café.)
(neg.) Paul *has* NOT dr*UN*k too much coffee.
(int.) *Has* Paul dr*UN*k too much coffee?

Ejemplos ilustrativos de cómo emplear el verbo marcado con el número 3 en sus tiempos y formas fundamentales: clasificación *IN, AN, UN.*

Infinitivo

That ship is not going *to* s*IN*k in spite of the storm.
(Ese barco no se va a hundir a pesar de la tormenta.)

Presente

(af.) I s*IN*k in the water when I swim.
(Me hundo en el agua cuando nado.)
(neg.) I DO NOT s*IN*k in the water when I swim.
(int.) DO I s*IN*k in the water when I swim?

Pasado

(af.) I s*AN*k in the water when I was swimming *yesterday.*
(Me hundí en el agua cuando estuve nadando ayer.)

(neg.)   I DID NOT sink in the water when I was swimming *yesterday.*

(int.)   DID I sink in the water when I was swimming *yesterday?*

Antepresente

(af.)   The enemy *has* sUNk many ships.
(El enemigo ha hundido muchos barcos.)

(neg.)   The enemy *has* NOT sUNk many ships.

(int.)   *Has* the enemy sUNk many ships?

Ejemplos ilustrativos de cómo emplear el verbo marcado con el número 4 en sus tiempos y formas fundamentales: clasificación *IN, AN, UN.*

Infinitivo

That thing does not have *to* stINk at all.
(Esa cosa no tiene que apestar en lo absoluto.)

Presente

(af.)   It stINks when it is not clean.
(Apesta cuando no está limpio.)

(neg.)   It DOES NOT stINk when it is clean.

(int.)   DOES it stINk when it is clean?

Pasado

(af.)   It stANk because it was not clean.
(Apestó porque no estaba limpio.)

(neg.)   It DID NOT stink because it was clean.
(No apestó porque estaba limpio.)

(int.)   DID it stink because it was not clean?

Antepresente

(af.)   That fish *has* stUNk because it is not fresh.
(Ese pescado ha apestado porque no está fresco.)

(neg.) That fish *has* NOT st*UN*k because it is fresh.
(Ese pescado no ha apestado porque está fresco.)

(int.) *Has* that fish st*UN*k because it is not fresh?

Ejemplos ilustrativos de cómo emplear el verbo marcado con el número 5 en sus tiempos y formas fundamentales: clasificación *IN, AN, UN.*

Infinitivo

This shirt is going *to* shr*IN*k when washed.
(Esta camisa se va a encoger cuando se lave.)

Presente

(af.) These clothes* shr*IN*k when washed.
(Esta ropa se encoge cuando se lava.)

(neg.) These clothes* DO NOT shr*IN*k when washed.

(int.) DO these clothes* shr*IN*k when washed?

Pasado

(af.) This shirt shr*AN*k when washed.
(Esta camisa se encogió cuando se lavó.)

(neg.) This shirt DID NOT shr*in*k when washed.

(int.) DID this shirt shr*in*k when washed?

Antepresente

(af.) Those clothes* *have* shr*UN*k when washed.
(Esa ropa ha encogido cuando se lavó.)

(neg.) Those clothes* *have* NOT shr*UN*k when washed.

(int.) *Have* those clothes* shr*UN*k when washed?

* *Clothes* (ropa) es plural en inglés.

Ejemplos ilustrativos de cómo emplear el verbo marcado con el número 6 en sus tiempos y formas fundamentales: clasificación *IN, AN, UN*.

Infinitivo

We like *to* sw*I*M in the swimming-pool.
(Nos gusta nadar en la piscina de natación.)

Presente

(af.)   The students sw*I*M in the pool *every Sunday*.
(Los estudiantes nadan en la piscina todos los domingos.)

(neg.)   The students DO NOT sw*I*M in the pool *every Sunday*.

(int.)   DO the students sw*I*M in the pool *every Sunday?*

Pasado

(af.)   Robert sw*AM* in the lake *yesterday*.
(Roberto nadó en el lago ayer.)

(neg.)   Robert DID NOT sw*im* in the lake *yesterday*.

(int.)   DID Robert sw*im* in the lake *yesterday?*

Antepresente

(af.)   The boys *have* sw*UM* in the river *many times*.
(Los muchachos han nadado en el río muchas veces.)

(neg.)   The boys *have* NOT sw*UM* in the river *many times*.

(int.)   *Have* the boys sw*UM* in the river *many times?*

Ejemplos ilustrativos de cómo emplear el verbo marcado con el número 7 en sus tiempos y formas fundamentales: clasificación *IN, AN, UN*.

Infinitivo

The students are going *to* s*I*Ng in the school choir.
(Los estudiantes van a cantar en el coro de la escuela.)

105

Presente

(af.) Those singers s*IN*g on television *every week*.
(Esos cantantes cantan por televisión cada semana.)

(neg.) Those singers DO NOT s*IN*g on television *every week*.

(int.) DO those singers s*IN*g on television *every week?*

Pasado

(af.) Mary s*AN*g in the party *yesterday*.
(María cantó en la fiesta ayer.)

(neg.) Mary DID NOT sing in the party *yesterday*.

(int.) DID Mary sing in the party *yesterday?*

Antepresente

(af.) That singer *has* s*UN*g on television *many times*.
(Ese cantante ha cantado por televisión muchas veces.)

(neg.) That singer *has* NOT s*UN*g on television *many times*.

(int.) *Has* that singer s*UN*g on television *many times?*

Ejemplos ilustrativos de cómo emplear el verbo marcado con el número 8 en sus tiempos y formas fundamentales: clasificación *IN, AN, UN*.

Infinitivo

He is going *to* r*IN*g the church-bell.
(Él va a tocar la campana de la iglesia.)

Presente

(af.) George r*IN*gs the door-bell before he enters his house.
(Jorge toca el timbre de la puerta antes de entrar a su casa.)

(neg.) George DOES NOT r*IN*g the door-bell before he enters his house.

(int.) DOES George r*IN*g the door-bell before ore he enters his house?

Pasado

(af.)   The telephone r*AN*g many times *yesterday*.
(El teléfono sonó muchas veces ayer.)

(neg.) The telephone DID NOT ring many times *yesterday*.

(int.) DID the telephone ring many times *yesterday*?

Antepresente

(af.)   The telephone *has* r*UN*g many times *today*.
(El teléfono ha sonado muchas veces hoy.)

(neg.) The telephone *has* NOT r*UN*g many times *today*.

(int.) *Has* the telephone r*UN*g many times *today*?

Ejemplos ilustrativos de cómo emplear el verbo marcado con el número 9 en sus tiempos y formas fundamentales: clasificación *IN, AN, UN.*

Infinitivo

John likes *to* r*UN* in the park.
(A Juan le gusta correr en el parque.)

Presente

(af.)   The boys *run* in the yard *every day*.
(Los muchachos corren en el patio todos los días.)

(neg.) The boys DO NOT *run* in the yard *every day*.

(int.) DO the boys *run* in the yard *every day*?

Pasado

(af.)   Charles r*AN* to school *yesterday*.
(Carlos corrió a la escuela ayer.)

(neg.) Charles DID NOT *run* to school *yesterday*.

(int.) DID Charles *run* to school *yesterday*?

Antepresente

(af.)   Henry *has* r*UN* many kilometers *lately*.
(Enrique ha corrido muchos kilómetros últimamente.)

(neg.)   Henry *has* NOT r*UN* many kilometers *lately*.

(int.)   *Has* Henry r*UN* many kilometers *lately?*

NOTA: Obsérvese que la forma simple de to run es idéntica
a su participio pasado: run-corrido.

Clasificación: *I-E, O-E, I-EN.*

Características: En este grupo el rasgo característico del infinitivo son las vocales separadas *(i-e)*, en el pasado *(o-e)* y en el participio pasado *(i-en)*. El guión (-) que se interpone entre las vocales significa que existe una consonante entre ellas (to dr*i*v*e*, dr*o*v*e*, dr*i*v*en*). En algunos participios pasados existe la doble consonante idéntica interponiéndose entre *i-en* como en wr*i*tt*en*, r*i*dd*en*, etcétera.

Fonética: En el infinitivo la vocal *i* tiene sonido equivalente en español de *ai*, mientras que en el participio pasado suena igual que en castellano. La *e* final es muda en el infinitivo y el pasado.

Infinitivo	Pasado	Participio Pasado
I-E	*O-E*	*I-EN*
1. *to* wr*I*t*E* (escribir)	wr*O*t*E* (escribió)	wr*I*tt*EN* (escrito)
2. *to* dr*I*v*E* (manejar)	dr*O*v*E* (manejó)	dr*I*v*EN* (manejado)
3. *to* r*I*d*E* (montar, viajar en vehículo)	r*O*d*E* (montó, viajó)	r*I*dd*EN* (montado, viajado)
4. *to* r*I*s*E* (levantarse)	r*O*s*E* (se levantó)	r*I*s*EN* (levantado)
5. *to* str*I*v*E* (esforzarse)	str*O*v*E* (se esforzó)	str*I*v*EN* (esforzado)
6. *to* str*I*d*E* (caminar a grandes pasos)	str*O*d*E* (caminó)	str*I*dd*EN* (caminado)

Ejemplos ilustrativos de cómo emplear el verbo marcado con el número 1 en sus tiempos y formas fundamentales: clasificación *I-E, O-E, I-EN.*

Infinitivo

I have *to* wr*I*t*E* a report on sales.
(Tengo que escribir un informe sobre ventas.)

(af.)   The secretary wr*ItE*s many letters *every day.*
        (La secretaria escribe muchas cartas todos los días.)

(neg.) The secretary DOES NOT wr*ItE* many letters *every day.*

(int.) DOES the secretary wr*ItE* many letters *every day?*

Pasado

(af.)   Helen wr*OtE* a letter to her parents *yesterday.*
        (Elena escribió una carta a sus padres ayer.)

(neg.) Helen DID NOT write a letter to her parents *yesterday.*

(int.) DID Helen write a letter to her parents *yesterday?*

Antepresente

(af.)   The employees *have* wr*IttEN* a long report.
        (Los empleados han escrito un largo informe.)

(neg.) The employees *have* NOT wr*IttEN* a long report.

(int.) *Have* the employees wr*IttEN* a long report?

Ejemplos ilustrativos de cómo emplear el verbo marcado con el número 2 en sus tiempos y formas fundamentales: clasificación *I-E, O-E, I-EN*.

Infinitivo

We are going *to* dr*IvE* from New York to Chicago.
(Vamos a manejar de Nueva York a Chicago.)

Presente

(af.)   They dr*IvE* carefully at night.
        (Ellos manejan con cuidado en la noche.)

(neg.) They DO NOT dr*IvE* carefully at night.

(int.) DO they dr*IvE* carefully at night?

Pasado

(af.) You dr*OvE* the car very fast *last night*.
      (Tú manejaste el auto muy rápido anoche.)

(neg.) You DID NOT dri*ve* the car very fast *last night*.

(int.) DID you dri*ve* the car very fast *last night?*

Antepresente

(af.) Albert *has* dr*IvEN* that truck *many times*.
      (Alberto ha manejado ese camión muchas veces.)

(neg.) Albert *has* NOT dr*IvEN* that truck *many times*.

(int.) *Has* Albert dr*IvEN* that truck *many times?*

Ejemplos ilustrativos de cómo emplear el verbo marcado con el número 3 en sus tiempos y formas fundamentales: clasificación *I-E, O-E, I-EN*.

Infinitivo

(Paul likes *to* r*IdE* on a horse.
(A Pablo le gusta montar a caballo.)

Presente

(af.) The woman r*IdE*s in the bus *every day*.
      (La mujer viaja en autobús todos los días.)

(neg.) The woman DOES NOT r*IdE* in the bus *every day*.

(int.) DOES the woman r*IdE* in the bus *every day?*

Pasado

(af.) My cousin r*OdE* on his motorcycle *yesterday*.
      (Mi primo montó en su motocicleta ayer.)

(neg.) My cousin DID NOT ri*de* on his motorcycle *yesterday*.

(int.) DID my cousin ri*de* on his motorcycle *yesterday?*

Antepresente

(af.) My uncle *has* r*IddEN* on a train *many times*.
      (Mi tío ha viajado en tren muchas veces.)

(neg.)   My uncle *has* NOT r*I*dd*EN* on a train *many times.*

(int.)   *Has* my uncle r*I*dd*EN* on a train *many times?*

Ejemplos ilustrativos de cómo emplear el verbo marcado con el número 4 en sus tiempos y formas fundamentales: clasificación *I-E, O-E, I-EN.*

Infinitivo

I like *to* r*I*s*E* early in the morning.
(Me gusta levantarme temprano en la mañana.)

Presente

(af.)   We r*I*s*E* early *every day.*
(Nos levantamos temprano todos los días.)

(neg.)   We DO NOT r*I*s*E* early *every day.*

(int.)   Do we r*I*s*E* early *every day?*

Pasado

(af.)   Henry r*Os*E* very early *yesterday.*
(Enrique se levantó muy temprano ayer.)

(neg.)   Henry DID NOT r*i*se very early *yesterday.*

(int.)   DID Henry r*i*se very early *yesterday?*

Antepresente

(af.)   They *have* r*I*s*EN* early *all this week.*
(Ellos se han levantado temprano toda esta semana.)

(neg.)   They *have* NOT r*I*s*EN* early *all this week.*

(int.)   *Have* they r*I*s*EN* early *all this week?*

Ejemplos ilustrativos de cómo emplear el verbo marcado con el número 5 en sus tiempos y formas fundamentales: clasificación *I-E, O-E, I-EN.*

You have *to* str*I*v*E* to learn more English.
(Tienes que esforzarte a aprender más inglés.)

112

(af.)   The students str*Iv*E to learn more.
        (Los estudiantes se esfuerzan por aprender más.)

(neg.) The students DO NOT str*Iv*E to learn more.

(int.)   DO the students str*Iv*E to learn more?

Pasado

(af.)   Mary str*Ov*E to earn a scholarship *last year*.
        (María se esforzó por ganar una beca el año pasado.)

(neg.) Mary DID NOT stri*v*e to earn a scholarship *last year*.

(int.)   DID Mary stri*v*e to earn a scholarship *last year*?

Antepresente

(af.)   They *have* str*Iv*EN to be good students.
        (Ellos se han esforzado en ser buenos estudiantes.)

(neg.) They *have* NOT str*Iv*EN to be good students.

(int.)   *Have* they str*Iv*EN to be good students?

Ejemplos ilustrativos de cómo emplear el verbo marcado con el número 6 en sus tiempos y formas fundamentales: clasificación *I-E, O-E, I-EN.*

Infinitivo

Mr. Davies likes *to* str*Id*E out of his office.
(Al señor Davies le gusta salir a grandes pasos de su despacho.)

Presente

(af.)   John str*Id*Es to school *every day*.
        (Juan camina a grandes pasos a la escuela todos los días.)

(neg.) John DOES NOT str*Id*E to school *every day*.

(int.)   DOES John str*Id*E to school *every day*?

Pasado

(af.)   Paul str*Od*E into the room *yesterday*.
        (Pablo entró a grandes pasos al cuarto ayer.)

(neg.)   Paul DID NOT stride into the room *yesterday*.

(int.)   DID Paul stride into the room *yesterday?*

Antepresente

(af.)   The students *have* str*I*dd*EN* to school very *often*.
(Los estudiantes han caminado a grandes pasos a la escuela muy a menudo.)

(neg.)   The students *have* NOT str*I*dd*EN* to school very *often*.

(int.)   *Have* the students str*I*dd*EN* to school very *often*.

Clasificación: *E-A, O-E, O-EN.*

Características: Vocales comunes en el infinitivo *ea;* en el pasado *o-e* y en el participio pasado *o-en.* Observe que to *choose* y to *freeze* tienen características desafines a los demás sólo en el infinitivo.

Fonética: En este grupo la combinación *ea* tiene sonido de *i* latina; tanto en el pasado como en el participio pasado la vocal *o* se pronuncia *ou.* La *e* final es muda en el pasado. Pronúnciese la *ee* de *freeze* como *i* latina y la *oo* de *choose* con sonido de *u.* La *ea* de to *break* suena *ei.*

Infinitivo	*Pasado*	*Participio Pasado*
EA	*O-E*	*O-EN*
1. *to* sp*EA*k (hablar)	sp*O*k*E* (habló)	sp*O*k*EN* (hablado)
2. to st*EA*l (robar)	st*O*l*E* (robó)	st*O*l*EN* (robado)
2. *to* br*EA*k (romper)	br*O*k*E* (rompió)	br*O*k*EN* (roto)
4. *to* w*EA*ve (hilar, entrelazar)	w*O*v*E* (hiló, entrelazó)	w*O*v*EN* (hilado, entrelazado)
5. *to* ch*OO*se (escoger)	ch*O*s*E* (escogió)	ch*O*s*EN* (escogido)
6. *to* fr*EE*ze (congelar)	fr*O*z*E* (congeló)	fr*O*z*EN* (congelado)

Ejemplos ilustrativos de cómo emplear el verbo marcado con el número 1 en sus tiempos y formas fundamentales: clasificación *E-A, O-E, O-EN.*

Infinitivo

My brother likes *to* sp*EA*k English all the time.
(A mi hermano le gusta hablar inglés todo el tiempo.)

(af.) He sp*EA*ks to them in English *every day*.
(Él les habla en inglés todos los días.)

(neg.) He DOES NOT sp*EA*k to them in English *every day*.

(int.) DOES he sp*EA*k to them in English *every day?*

Pasado

(af.) The manager sp*OkE* in the meeting *yesterday*.
(El gerente habló en la junta ayer.)

(neg.) The manager DID NOT sp*ea*k in the meeting *yesterday*.

(int.) DID the manager speak in the meeting *yesterday?*

Antepresente

(af.) They *have* sp*OkEN* English during the meeting.
(Ellos han hablado inglés durante la junta.)

(neg.) They *have* NOT sp*OkEN* English during the meeting.

(int.) *Have* they sp*OkEN* English during the meeting?

Ejemplos ilustrativos de cómo emplear el verbo marcado con el número 2 en sus tiempos y formas fundamentales: clasificación *E-A, O-E, O-EN*.

Infinitivo

Peter does not like *to* st*EA*l money.
(A Pedro no le gusta robar dinero.)

Presente

(af.) That boy st*EA*ls things from his friends.
(Ese muchacho roba cosas a sus amigos.)

(neg.) That boy DOES NOT st*EA*l things from his friends.

(int.) DOES that boy st*EA*l things from his friends?

Pasado

(af.) He st*OlE* money from the bank.
(Él robó dinero del banco.)

116

(neg.)   He DID NOT steal money from the bank.

(int.)   DID he steal money from the bank?

Antepresente

(af.)   That player *has* st*OlEN* many bases in the base-ball game.
(Ese jugador ha robado muchas bases en el juego de beisbol.)

(neg.)   That player *has* NOT st*OlEN* many bases in the base-ball game.

(int.)   *Has* that player st*OlEN* many bases in the base-ball game?

Ejemplos ilustrativos de cómo emplear el verbo marcado con el número 3 en sus tiempos y formas fundamentales: clasificación *E-A, O-E, O-EN.*

Infinitivo

Mexico is not going *to* br*EA*k relations with that country.
(México no va a romper relaciones con ese país.)

Presente

(af.)   Richard br*EA*ks his friends' toys.
(Ricardo rompe los juguetes de sus amigos.)

(neg.)   Richards DOES NOT br*EA*k his friends' toys.

(int.)   DOES Richard br*EA*k his friends' toys?

Pasado

(af.)   Paul br*OkE* his arm *last week.*
(Pablo se rompió el brazo la semana pasada.)

(neg.)   Paul DID NOT break his arm *last week.*

(int.)   DID Paul break his arm *last week?*

Antepresente

(af.)   He *has* br*OkEN* the law *many times.*
(Él ha quebrantado la ley muchas veces.)

(neg.)   He *has* NOT br*OkEN* the law *many times.*

(int.)   *Has* he br*OkEN* the law *many times?*

Ejemplos ilustrativos de cómo emplear el verbo marcado con el número 4 en sus tiempos y formas fundamentales: clasificación *E-A, O-E, O-EN*.

Infinitivo

Mary is learning *to* w*EA*ve.
(María está aprendiendo a hilar.)

Presente

(af.)   That girl w*EA*ves beautiful cloth.
(Esa muchacha hila hermosa tela.)

(neg.) That girl DOES NOT w*EA*ve beautiful cloth.

(int.) DOES that girl w*EA*ve beautiful cloth?

Pasado

(af.)   She w*OvE* this cloth *last year.)*
(Ella hiló esta tela el año pasado.)

(neg.) She DID NOT w*e*ave this cloth *last year.*

(int.) DID she w*e*ave this cloth *last year?*

Antepresente

(af.)   That woman *has* w*OvEN* cloth *before.*
(Esa mujer ha hilado tela antes.)

(neg.) That woman *has* NOT w*OvEN* cloth *before.*

(int.) *Has* that woman w*OvEN* cloth *before?*

Ejemplos ilustrativos de cómo emplear el verbo marcado con el número 5 en sus tiempos y formas fundamentales: clasificación *E-A, O-E, O-EN*.

Infinitivo

I am trying *to* ch*OO*se a nice color.
(Estoy tratando de escoger un bonito color.)

118

Presente

(af.) Mrs. Miller chOOses the neckties for her husband.
(La señora Miller escoge las corbatas para su esposo.)

(neg.) Mrs. Miller DOES NOT chOOse the neckties for her husband.

(int.) DOES Mrs. Miller chOOse the neckties for her husband?

Pasado

(af.) Mother chOsE the curtains for the living room.
(Mamá escogió las cortinas para la estancia.)

(neg.) Mother DID NOT choose the curtains for the living room.

(int.) DID mother choose the curtains for the living room?

Antepresente

(af.) The boys have chOsEN John for president.
(Los muchachos han escogido a Juan para presidente.)

(neg.) The boys have NOT chOsEN John for president.

(int.) Have the boys chOsEN John for president?

Ejemplos ilustrativos de cómo emplear el verbo marcado con el número 6 en sus tiempos y formas fundamentales: clasificación E-A, O-E, O-EN.

Infinitivo

That food is probably going to frEEze in the ice-box.
(Esta comida probablemente se va a congelar en la nevera.)

Presente

(af.) This refrigerator frEEzes the ice-cubes very fast.
(Este refrigerador congela los cubitos de hielo muy rápido.)

(neg.) This refrigerator DOES NOT frEEze the ice-cubes very fast.

(int.) DOES this refrigerator frEEze the ice-cubes very fast?

Pasado

(af.)   The snow fr*OzE* the crops *last Winter*.
(La nieve congeló las cosechas el invierno pasado.)

(neg.)   The snow DID NOT freeze the crops *last Winter*.

(int.)   DID the snow freeze the crops *last Winter?*

Antepresente

(af.)   The cold-wave *has* fr*OzEN* the plants *this Winter*.
(La onda fría ha congelado las plantas este invierno.)

(neg.)   The cold-wave *has* NOT fr*OzEN* the plants *this Winter*.

(int.)   *Has* the cold-wave fr*OzEN* the plants *this Winter?*

Clasificación: *OW, EW, OWN.*

Características: Observe la combinación *ow* como rasgo afín en el infinitivo; *ew* en el pasado y *own* en el participio pasado.

Fonética: *Ow* suena *ou; ew* como *u* excepto en kn*ew* que suena *iú* y *own* como *óun.* En *fly* la *y* se pronuncia *ai.*

Infinitivo	Pasado	Participio Pasado
OW (ou)	EW (u)	OWN (óun)
1. *to* kn*OW* (saber, conocer)	kn*EW* (supo, conoció)	kn*OWN* (sabido, conocido)
2. *to* gr*OW* (crecer, cultivar)	gr*EW* (creció, cultivó)	gr*OWN* (crecido, cultivado)
3. *to* thr*OW* (arrojar, lanzar)	thr*EW* (arrojó, lanzó)	thr*OWN* (arrojado, lanzado)
4. *to* bl*OW* (soplar, sonarse la nariz)	bl*EW* (sopló, se sonó la nariz)	bl*OWN* (soplado, sonado la nariz)
5. *to* fly (volar)	fl*EW* (voló)	fl*OWN* (volado)

Sub-clasificación: *AW, EW, AWN.*

Características: Infinitivo *aw,* pasado *ew* y participio pasado *awn.*

Fonética: *aw* tiene sonido de *o; ew* se pronuncia *u* y *awn* como *on.*

Infinitivo	Pasado	Participio Pasado
AW (o)	EW (u)	AWN (on)
1. *to* dr*AW* (dibujar, sacar)	dr*EW* (dibujó, sacó)	dr*AWN* (dibujado, sacado)
2. *to* withdr*AW* (retirar)	withdr*EW* (retiró)	withdr*AWN* (retirado)
3. *to* overdr*AW* (sobregirar)	overdr*EW* (sobregiró)	overdr*AWN* (sobregirado)

Ejemplos ilustrativos de cómo emplear el verbo marcado con el número 1 en sus tiempos y formas fundamentales: clasificación *OW, EW, OWN*.

Infinitivo

I would like *to* kn*OW* more about that matter.
(Me gustaría saber más acerca de ese asunto.)

Presente

(af.) They kn*OW* everything about sales promotion.
(Ellos saben todo respecto a promoción de ventas.)

(neg.) They DO NOT kn*OW* everything about sales promotion.

(int.) DO they kn*OW* everything about sales promotion?

Pasado

(af.) My grandfather kn*EW* London *many years ago.*
(Mi abuelo conoció Londres hace muchos años.)

(neg.) My grandfather DID NOT kn*ow* London.

(int.) DID my grandfather kn*ow* London *many years ago?*

Antepresente

(af.) We *have* kn*OWN* many things about New York.
(Hemos sabido muchas cosas acerca de Nueva York.)

(neg.) We *have* NOT kn*OWN* many things about New York.

(int.) *Have* we kn*OWN* many things about New York?

Ejemplos ilustrativos de cómo emplear el verbo marcado con el número 2 en sus tiempos y formas fundamentales: clasificación *OW, EW, OWN*.

Infinitivo

He is going *to* gr*OW* as tall as his father.
(Él va a crecer tan alto como su padre.)

122

(af.)   Those farmers gr*OW* cotton in the farm.
        (Esos granjeros cultivan algodón en la granja.)
(neg.) Those farmers DO NOT gr*OW* cotton in the farm.
(int.) DO those farmers gr*OW* cotton in the farm?

Pasado

(af.)   Mary gr*EW* as tall as her mother.
        (María creció tan alta como su madre.)
(neg.) Mary DID NOT grow as tall as her mother.
(int.) DID Mary grow as tall as her mother?

Antepresente

(af.)   He *has* gr*OWN* many roses in his garden.
        (Él ha cultivado muchas rosas en su jardín.)
(neg.) He *has* NOT gr*OWN* many roses in his garden.
(int.) *Has* he gr*OWN* many roses in his garden?

Ejemplos ilustrativos de cómo emplear el verbo marcado con el número 3 en sus tiempos y formas fundamentales: clasificación *OW, EW, OWN.*

Infinitivo

Peter likes *to* thr*OW* snow-balls to his friends.
(A Pedro le gusta arrojar bolas de nieve a sus amigos.)

Presente

(af.)   Richard thr*OW*s the ball very high.
        (Ricardo lanza la pelota muy alto.)
(neg.) Richard DOES NOT thr*OW* the ball very high.
(int.) DOES Richard thr*OW* the ball very high?

Pasado

(af.)   That boy thr*EW* a stone against the door.
        (Ese muchacho arrojó una piedra contra la puerta.)

(neg.) That boy DID NOT thr*ow* a stone against the door.

(int.) DID that boy thr*ow* a stone against the door?

Antepresente

(af.) He *has* thr*OWN* the garbage on the floor.
(Él ha tirado la basura en el piso.)

(neg.) He *has* NOT thr*OWN* the garbage on the floor.

(int.) *Has* he thr*OWN* the garbage on the floor?

Ejemplos ilustrativos de cómo emplear el verbo marcado con el número 4 en sus tiempos y formas fundamentales: clasificación *OW, EW, OWN*.

Infinitivo

The wind is going *to* bl*OW* in the mountains.
(El viento va a soplar en las montañas.)

Presente

(af.) I bl*OW* my nose many times whenever I have a cold.
(Me sueno la nariz muchas veces cuando tengo catarro.)

(neg.) I DO NOT bl*OW* my nose many times whenever I have a cold.

(int.) DO I bl*OW* my nose many times whenever I have a cold?

Pasado

(af.) The wind bl*EW* very hard *yesterday.*
(El viento sopló muy fuerte ayer.)

(neg.) The wind DID NOT bl*ow* very hard *yesterday.*

(int.) DID the wind bl*ow* very hard *yesterday?*

Antepresente

(af.) John *has* bl*OWN* his nose *many times.*
(Juan se ha sonado la nariz muchas veces.)

(neg.) John *has* NOT bl*OWN* his nose *many times.*

(int.) *Has* John bl*OWN* his nose *many times?*

124

Ejemplos ilustrativos de cómo emplear el verbo marcado con el número 5 en sus tiempos y formas fundamentales: clasificación *OW, EW, OWN*.

Infinitivo

Mr. Brown likes *to* fly on jet planes.
(Al señor Brown le gusta volar en aviones de retropropulsión.)

Presente

(af.) Some birds fly to warmer climates during *Winter.*
(Algunas aves vuelan a climas más cálidos durante el invierno.)

(neg.) Some birds DO NOT fly to warmer climates during *Winter.*

(int.) DO some birds fly to warmer climates during *Winter?*

Pasado

(af.) Dr. Davies flEW to New York *last week.*
(El doctor Davies voló a Nueva York la semana pasada.)

(neg.) Dr. Davies DID NOT *fly* to New York *last week.*

(int.) DID Dr. Davies *fly* to New York *last week?*

Antepresente

(af.) My uncle *has* flOWN on jet planes *many times.*
(Mi tío ha volado en aviones de propulsión muchas veces.)

(neg.) My uncle *has* NOT flOWN on jet planes *many times.*

(int.) *Has* my uncle flOWN on jet planes *many times?*

Ejemplos ilustrativos de cómo emplear el verbo marcado con el número 1 en sus tiempos y formas fundamentales: sub-clasificación *AW, EW, AWN*.

Infinitivo

Peter likes *to* drAW pictures on the walls.
(A Pedro le gusta dibujar imágenes en las paredes.)

(af.)   They dr*A*W money *from* the bank *every month.*
(Ellos sacan dinero del banco cada mes.)

(neg.)   They DO NOT dr*A*W money *from* the bank *every month.*

(int.)   DO they dr*A*W money *from* the bank *every month?*

Pasado

(af.)   They dr*E*W money *from* the bank *last month.*
(Ellos sacaron dinero del banco el mes pasado.)

(neg.)   They DID NOT draw money *from* the bank *last month.*

(int.)   DID they draw money *from* the bank *last month?*

Antepresente

(af.)   The teacher *has* dr*A*WN many pictures on the blackboard.
(El maestro ha dibujado muchas imágenes en el pizarrón.)

(neg.)   The teacher *has* NOT dr*A*WN many pictures on the blackboard.

(int.)   *Has* the teacher dr*A*WN many pictures on the blackboard?

Ejemplos ilustrativos de cómo emplear el verbo marcado con el número 2 en sus tiempos y formas fundamentales: subclasificación *AW, EW, AWN.*

Infinitivo

The general has *to* winthdr*A*W his troops from the battlefield.
(El general tiene que retirar sus tropas del campo de batalla.)

Presente

(af.)   The manager withdr*A*Ws money from the bank *every month.*
(El gerente retira dinero del banco todos los meses.)

(neg.) The manager DOES NOT withdr*AW* money from the bank *every month*.

(int.) DOES the manager withdr*AW* money from the bank *every month?*

Pasado

(af.) The soldiers withdr*EW* from the battlefield.
(Los soldados se retiraron del campo de batalla.)

(neg.) The soldiers DID NOT withdr*aw* from the battlefield.

(int.) DID the soldiers withdr*aw* from the battlefield?

Antepresente

(af.) My brother *has* dr*AWN* a lot of money from the bank *lately*.
(Mi hermano ha retirado mucho dinero del banco últimamente.)

(neg.) My brother *has* NOT dr*AWN* a lot of money from the bank *lately*.

(int.) *Has* my brother dr*AWN* a lot of money from the bank *lately?*

Ejemplos ilustrativos de cómo emplear el verbo marcado con el número 3 en sus tiempos y formas fundamentales: subclasificación *AW, EW, AWN*.

Infinitivo

He does not have *to* overdr*AW* in his bank account.
(Él no tiene que sobregirarse en su cuenta bancaria.)

Presente

(af.) I overdr*AW* in my expenses *every month*.
(Me sobregiro en mis gastos todos los meses.)

(neg.) I DO NOT overdr*AW* in my expenses *every month*.

(int.) DO I overdr*AW* in my expenses *every month?*

Pasado

(af.) He overdr*EW* in his credit *last month.*
(Él se sobregiró en su crédito el mes pasado.)

(neg.) He DID NOT overdr*aw* in his credit *last month.*

(int.) DID he overdr*aw* in his credit *last month?*

Antepresente

(af.) Mr. Brown *has* overdr*AWN* in his checks *lately.*
(El señor Brown se ha sobregirado en sus cheques últimamente.)

(neg.) Mr. Brown *has* NOT overdr*AWN* in his checks *lately.*

(int.) *Has* Mr. Brown overdr*AWN* in his checks *lately?*

Clasificación: *AKE, OOK, AKEN.*

Características: Letras afines en el infinitivo *ake,* en el pasado *ook* y en el participio pasado *aken.*

Fonética: *Ake* se pronuncia *éic, ook* tiene sonido de *uc* y *aken* como *éiken.* La *ú* de *to undertake* tiene sonido de *o.*

Infinitivo	Pasado	Participio Pasado
AKE (éic)	OOK (uc)	AKEN (éiken)
1. *to* t*AKE* (tomar, llevar)	t*OOK* (tomó, llevó)	t*AKEN* (tomado, llevado)
2. *to* mist*AKE* (confundir, equivocar)	mist*OOK* (confundió, equivocó)	mist*AKEN* (confundido, equivocado)
3. *to* undert*AKE* (emprender)	undert*OOK* (emprendió)	undert*AKEN* (emprendido)
4. *to* sh*AKE* (agitar, dar la mano)	sh*OOK* (agitó, dio la mano)	sh*AKEN* (agitado, dado la mano)
5. *to* fors*AKE* (abandonar)	fors*OOK* (abandonó)	fors*AKEN* (abandonado)

Ejemplos ilustrativos de cómo emplear el verbo marcado con el número 1 en sus tiempos y formas fundamentales: clasificación *AKE, OOK, AKEN.*

Infinitivo

Their father likes *to* t*AKE* them to the amusement park.
(A su padre le gusta llevarlos al parque de diversión.)

Presente

(af.)   The secretary t*AKE*s dictation *every day.*
(La secretaria toma dictado todos los días.)

129

(neg.) The secretary DOES NOT tAKE dictation *every day*.

(int.) DOES the secretary tAKE dictation *every day?*

Pasado

(af.) John tOOK the boy to the circus *yesterday*.
(Juan llevó al niño al circo ayer.)

(neg.) John DID NOT take the boy to the circus *yesterday*.

(int.) DID John take the boy to the circus *yesterday?*

Antepresente

(af.) They *have* tAKEN an English course during this year.
(Ellos han tomado un curso de inglés durante este año.)

(neg.) They *have* NOT tAKEN an English course during this year.

(int.) *Have* they tAKEN an English course during this year?

Ejemplos ilustrativos de cómo emplear el verbo marcado con el número 2 en sus tiempos y formas fundamentales: clasificación *AKE, OOK, AKEN*.

Infinitivo

I DO NOT want *to* mistAKE you for another person.
(No quiero confundirte con otra persona.)

Presente

(af.) You mistAKE your calculations *frequently*.
(Te equivocas en tus calculos frecuentemente.)

(neg.) You DO NOT mistAKE your calculations *frequently*.

(int.) DO you mistAKE your calculations *frequently?*

Pasado

(af.) Mary mistOOK John for Charles *yesterday*.
(María confundió a Juan por Carlos ayer.)

(neg.) Mary DID NOT mistake John for Charles *yesterday*.
(int.) DID Mary mistake John for Charles *yesterday?*

(af.) I *have* mist*AKEN* my calculations.
(Me he equivocado en mis cálculos.)

(neg.) I *have* NOT mist*AKEN* my calculations.

(int.) *Have* I mist*AKEN* my calculations?

Ejemplos ilustrativos de cómo emplear el verbo marcado con el número 3 en sus tiempos y formas fundamentales: clasificación *AKE, OOK, AKEN.*

Infinitivo

He is going *to* undert*AKE* a long trip around the world.
(Él va a emprender un largo viaje alrededor del mundo.)

Presente

(af.) Those men undert*AKE* new activities *frequently.*
(Esos hombres emprenden nuevas actividades frecuentemente.)

(neg.) Those men DO NOT undert*AKE* new activities frequently.

(int.) DO those men undert*AKE* new activities *frequently?*

Pasado

(af.) John undert*OOK* an important task *last month.*
(Juan emprendió una tarea importante el mes pasado.)

(neg.) John DID NOT undert*AKE* an important task *last month.*

(int.) DID John undert*ake* an important task *last month?*

Antepresente

(af.) They *have* undert*AKEN* another rehabilitation plan.
(Ellos han emprendido otro plan de rehabilitación.)

(neg.) They *have* NOT undert*AKEN* another rehabilitation plan.

(int.) *Have* they undert*AKEN* another rehabilitation plan?

Ejemplos ilustrativos de cómo emplear el verbo marcado con el número 4 en sus tiempos y formas fundamentales: clasificación *AKE, OOK, AKEN*.

Infinitivo

I like *to* sh*AKE* hands with my friends.
(Me gusta dar la mano a mis amigos.)

Presente

(af.)   I sh*AKE* hands with my friends.
(Yo doy la mano a mis amigos.)

(neg.)   I DO NOT sh*AKE* hands with my friends.

(int.)   DO I sh*AKE* hands with my friends?

Pasado

(af.)   Robert sh*OOK* hands with us *last night*.
(Roberto nos dio la mano anoche.)

(neg.)   Robert DID NOT sh*ake* hands with us *last night*.

(int.)   DID Robert sh*ake* hands with us *last night?*

Antepresente

(af.)   The nurse *has* sh*AKEN* the medicine according to instructions.
(La enfermera ha agitado la medicina de acuerdo con las instrucciones.)

(neg.)   The nurse *has* ÑOT sh*AKEN* the medicine according to instructions.

(int.)   *Has* the nurse sh*AKEN* the medicine according to instructions?

Ejemplos ilustrativos de cómo emplear el verbo marcado con el número 5 en sus tiempos y formas fundamentales: clasificación *AKE, OOK, AKEN*.

Infinitivo

He is not going *to* fors*AKE* his relatives.
(Él no va a abandonar a sus familiares.)

(af.)   They fors*AKE* their families when they grow up.
(Ellos abandonan a sus familias cuando crecen.)

(neg.)   They DO NOT fors*AKE* their families when they grow up.

(int.)   DO they fors*AKE* their families when they grow up?

Pasado

(af.)   The tigress fors*OOK* her cubs when they grew up.
(La tigresa abandonó a sus cachorros cuando crecieron.)

(neg.)   The tigress DID NOT fors*ake* her cubs when they grew up.

(int.)   DID the tigress fors*ake* her cubs when they grew up?

Antepresente

(af.)   He *has* fors*AKEN* them.
(Él los ha abandonado.)

(neg.)   He *has* NOT fors*AKEN* them.

(int.)   *Has* he fors*AKEN* them?

Clasificación: *EAR, ORE, ORN.*

Características: *Ear* es el rasgo afín en el infinitivo, *ore* en el pasado y *orn* en el participio pasado.

Fonética: Las letras afines en el infinitivo se pronuncian *er*, las del pasado *or* y las del participio pasado *orn*.

Infinitivo	Pasado	Participio Pasado
EAR (er)	ORE (or)	ORN (orn)
1. *to* wEAR (usar, llevar puesto)	wORE (usó, llevó puesto)	wORN (usado, llevado puesto)
2. *to* tEAR (desgarrar, arrancar)	tORE (desgarró, arrancó)	tORN (desgarrado, arrancado)
3. *to* swEAR (jurar, blasfemar)	swORE (juró, blasfemó)	swORN (jurado, blasfemado)
4. *to* bEAR (parir, dar fruto, soportar)	bORE (parió, dio fruto, soportó)	bORN (parido, dado fruto, soportado)

Ejemplos ilustrativos de cómo emplear el verbo marcado con el número 1 en sus tiempos y formas fundamentales: clasificación *EAR, ORE, ORN.*

Infinitivo

Mary likes *to* wEAR beautiful dresses.
(A María le gusta usar vestidos hermosos.)

Presente

(af.)   Some students wEAR a necktie in school.
(Algunos estudiantes usan corbata en la escuela.)

(neg.)   Some students DO NOT wEAR a necktie in school.

(int.)   DO some students wEAR a necktie in school?

134

Pasado

(af.) Helen w*ORE* a blue dress in the party *last night*.
(Elena llevó puesto un vestido azul en la fiesta de anoche.)

(neg.) Helen DID NOT *wear* a blue dress in the party *last night*.

(int.) DID Helen *wear* a blue dress in the party *last night?*

Antepresente

(af.) Mrs. Taylor *has* w*ORN* her jewels *in every party*.
(La señora Taylor ha llevado puestas sus joyas en cada fiesta.)

(neg.) Mrs. Taylor *has* NOT w*ORN* her jewels *in every party*.

(int.) *Has* Mrs. Taylor w*ORN* her jewels *in every party?*

Ejemplos ilustrativos de cómo emplear el verbo marcado con el número 2 en sus tiempos y formas fundamentales: clasificación *EAR, ORE, ORN*.

Infinitivo

The dog was trying *to* t*EAR* his clothes.
(El perro estaba tratando de desgarrar su ropa.)

Presente

(af.) That little boy t*EAR*s his clothes when he is angry.
(Ese muchachito desgarra su ropa cuando se enoja.)

(neg.) That little boy DOES NOT t*EAR* his clothes when he is angry.

(int.) DOES that boy t*EAR* his clothes when he is angry?

Pasado

(af.) Mary t*ORE* a page from her book *yesterday*.
(María arrancó una página de su libro ayer.)

(neg.) Mary DID NOT *tear* a page from her book *yesterday*.

(int.) DID Mary *tear* a page from her book *yesterday?*

135

(af.)   The dog *has* t*ORN* the curtains in the parlor.
(El perro ha desgarrado las cortinas en la sala.)

(neg.) The dog *has* NOT t*ORN* the curtains in the parlor.

(int.) *Has* the dog t*ORN* the curtains in the parlor?

Ejemplos ilustrativos de cómo emplear el verbo marcado con el número 3 en sus tiempos y formas fundamentales: clasificación *EAR, ORE, ORN*.

Infinitivo

That man likes *to* sw*EAR* in front of the children.
(A ese hombre le gusta blasfemar en frente de los niños.)

Presente

(af.)   Those boys sw*EAR* in front of their teacher.
(Esos muchachos blasfeman en frente de su maestro.)

(neg.) Those boys DO NOT sw*EAR* in front of their teacher.

(int.) DO those boys sw*EAR* in front of their teacher?

Pasado

(af.)   He sw*ORE* to tell the truth
(Él juró decir la verdad.)

(neg.) He DID NOT sw*ear* to tell the truth.

(int.) DID he sw*ear* to tell the truth?

Antepresente

(af.)   You *have* sw*ORN* to tell the truth.
(Usted ha jurado decir la verdad.)

(neg.) You *have* NOT sw*ORN* to tell the truth.

(int.) *Have* you sw*ORN* to tell the truth?

136

Ejemplos ilustrativos de cómo emplear el verbo marcado con el número 4 en sus tiempos y formas fundamentales: clasificación *EAR, ORE, ORN*.

Infinitivo

We do not have *to* b*EAR* that noise.
(No tenemos que soportar ese ruido.)

Presente

(af.) You b*EAR* the pain without moaning.
(Tú soportas el dolor sin quejarte.)

(neg.) You DO NOT b*EAR* the pain without moaning.

(int.) DO you b*EAR* the pain without moaning?

Pasado

(af.) This apple-tree b*ORE* many apples *last year*.
(Este manzano dio muchas manzanas el año pasado.)

(neg.) This apple-tree DID NOT b*ear* many apples *last year*.

(int.) DID this apple-tree b*ear* many apples *last year*?

Antepresente

(af.) That female-dog *has* b*ORN* many little puppies.
(Esa perra ha parido muchos cachorritos.)

(neg.) That female-dog *has* NOT b*ORN* many little puppies.

(int.) *Has* that female-dog b*ORN* many little puppies?

Clasificación: *I-E, A-E, I-EN.*

Características: El rasgo común en el infinitivo es *i-e*, en el pasado *a-e* y en el participio pasado *i-en.*

Fonética Tanto la *i* del infinitivo como del participio pasado tienen casi el mismo sonido que en español, o sea, un sonido intermedio entre la *i* y la *e (i/e)*.
En el infinitivo y el pasado la *e* es muda y en éste la vocal *a* se pronuncia *ei*, en tanto que *en* suena igual que en castellano.

Infinitivo (I-E)	Pasado (A-E)	Participio Pasado (I-EN)
1. to gIvE (dar)	gAvE (dió)	gIvEN (dado)
2. to forgIvE (perdonar)	forgAvE (perdonó)	forgIvEN (perdonado)
3. to forbId (prohibir)	forbAdE (prohibió)	forbIddEN (prohibido)
4. to bId (ofrecer, despedir*)	bAdE (ofreció, despidió)	bIddEN (ofrecido, despedido)

NOTA: Observe que *to forbid* y *to bid* no terminan en *e* en el infinitivo.

* To bid *farewell* significa despedirse.

Ejemplos ilustrativos de cómo emplear el verbo marcado con el número 1 en sus tiempos y formas fundamentales: clasificación *I-E, A-E, I-EN.*

Infinitivo

I am going *to gIvE* him a reward for his efforts.
(Voy a darle a él una recompensa por sus esfuerzos.)

Presente

(af.)   The boss *gIvEs* us many presents *every Christmas.*
(El jefe nos da muchos regalos cada navidad.)

(neg.)   The boss DOES NOT g*Iv*E us many presents *every Christmas.*

(int.)   DOES the boss g*Iv*E us many presents *every Christmas?*

Pasado

(af.)   The manager g*Av*E him his profits sharing *last year.*
(El gerente le dio a él su reparto de utilidades el año pasado.)

(neg.)   The manager DID NOT give him his profits sharing *last year.*

(int.)   DID the manager give him his profits sharing *last year?*

Antepresente

(af.)   Their father *has* g*Iv*EN them very much money.
(Su padre les ha dado mucho dinero.)

(neg.)   Their father *has* NOT g*Iv*EN them very much money.

(int.)   *Has* their father g*Iv*EN them very much money?

Ejemplos ilustrativos de cómo emplear el verbo marcado con el número 2 en sus tiempos y formas fundamentales: clasificación *I-E, A-E, I-EN.*

Infinitivo

I beg you *to* forg*Iv*E me for my delay.
(Le ruego me perdone por mi tardanza.)

Presente

(af.)   Mother and father forg*Iv*E our wrongdoings.
(Mamá y papá perdonan nuestras faltas.)

(neg.)   Mother and father DO NOT forg*Iv*E our wrongdoings.

(int.)   DO mother and father forg*Iv*E our wrongdoings?

Pasado

(af.)   The teacher forg*Av*E John *yesterday.*
(El maestro perdonó a Juan ayer.)

(neg.) The teacher DID NOT forg*ive* John *yesterday.*

(int.) DID the teacher forg*ive* John *yesterday?*

Antepresente

(af.) Our father *has* forg*IvEN* our debts.
(Nuestro padre ha perdonado nuestras deudas.)

(neg.) Our father *has* NOT forg*IvEN* our debts.

(int.) *Has* our father forg*IvEN* our debts?

Ejemplos ilustrativos de cómo emplear el verbo marcado coi.
el número 3 en sus tiempos y formas fundamentales: clasificación *I-E, A-E, I-EN.*

Infinitivo

The principal will have *to* forb*Id* smoking in school.
(El director tendrá que prohibir fumar en la escuela.)

Presente

(af.) The teacher forb*Ids* conversation in the classroom.
(El maestro prohíbe la conversación en el aula.)

(neg.) The teacher DOES NOT forb*Id* conversation in the
classroom.

(int.) DOES the teacher forb*Id* conversation in the classroom?

Pasado

(af.) The doctor forb*AdE* him liquor and tobacco.
(El doctor le prohibió a él el licor y el tabaco.)

(neg.) The doctor DID NOT forb*id* him liquor and tobacco.

(int.) DID the doctor forb*id* him liquor and tobacco?

Antepresente

(af.) He *has* forb*IddEN* us to smoke in school.
(Él nos ha prohibido fumar en la escuela.)

(neg.) He *has* NOT forb*IddEN* us to smoke in school.

(int.) *Has* he forb*IddEN* us to smoke in school?

Ejemplos ilustrativos de cómo emplear el verbo marcado con el número 4 en sus tiempos y formas fundamentales: clasificación *I-E, A-E, I-EN.*

Infinitivo

He likes *to* b*I*d, in the auctions.
(A él le gusta ofrecer en las subastas.)

Presente

(af.) Robert b*I*ds farewell to his friends when he goes away.
(Roberto se despide de sus amigos cuando él se aleja.)

(neg.) Robert DOES NOT b*I*d farewell to his friends when he goes away.

(int.) DOES Robert b*I*d farewell to his friends when he goes away?

Pasado

(af.) That man b*A*d*E* too much in the auction *yesterday.*
(Ese hombre ofreció demasiado en la subasta ayer.)

(neg.) That man DID NOT bid too much in the auction *yesterday.*

(int.) DID that man bid too much in the auction *yesterday?*

Antepresente

(af.) That bidder *has* b*I*dd*EN* high amounts of money.
(Ese postor ha ofrecido altas cantidades de dinero.)

(neg.) That bidder *has* NOT b*I*dd*EN* high amounts of money.

(int.) *Has* that bidder b*I*dd*EN* high amounts of money?

Clasificación: *ET, OT, OTTEN.*

Características: Infinitivo *et;* pasado *ot;* y participio pasado *otten.*

Fonética: Igual que en español excepto la *g* que se pronuncia como en *gato.* La primera *e* en *to beget* tiene sonido de *i* latina.

Infinitivo	Pasado	Participio Pasado
(ET)	(OT)	(OTTEN)
1. *to* g*ET* (conseguir)	g*OT* (consiguió)	g*OTTEN* (o g*ot*) (conseguido)
2. *to* forg*ET* (olvidar)	forg*OT* (olvidó)	forg*OTTEN* (olvidado)
3. *to* beg*ET* (engendrar, causar)	beg*OT* (engendró, causó)	beg*OTTEN* (engendrado, causado)

Sub-clasificación: *EN* (participio pasado).

Características: El rasgo afín en el participio pasado es la terminación *EN.*

Fonética: Pronúnciese *ea* como *i* latina y la *a* de *ate* con sonido *ei.* En *fall, fallen* la *a* suena como *o* y la *ll* como *l* castellana.

Infinitivo	Pasado	Participio Pasado
		(EN)
1. *to* e*at* (comer)	ate (comió)	eat*EN* (comido)
2. *to* fall (caer)	fell (cayó	fall*EN* (caído)

Ejemplos ilustrativos de cómo emplear el verbo marcado con el número 1 en sus tiempos y formas fundamentales: clasificación *ET, OT, OTTEN*.

Infinitivo

They would like *to* g*ET* a good price.
(A ellos les gustaría conseguir un buen precio.)

Presente

(af.)   I g*ET* good profits *every year.*
(Yo consigo buenas utilidades todos los años.)

(neg.)   I DO NOT g*ET* profits *every year.*

(int.)   DO I g*ET* good profits *every year?*

Pasado

(af.)   John g*OT* a ten per cent discount in that purchase.
(Juan consiguió un diez por ciento de descuento en esa compra.)

(neg.)   John DID NOT get a ten per cent discount in that purchase.

(int.)   DID John get a ten per cent discount in that purchase?

Antepresente

(af.)   They *have* g*OTTEN* (o got) two seats for the theater.
(Ellos han conseguido dos asientos para el teatro.)

(neg.)   They *have* NOT g*OTTEN* (o got) two seats for the theater.

(int.)   *Have* they g*OTTEN* (o got) two seats for the theater?

Ejemplos ilustrativos de cómo emplear el verbo marcado con el número 2 en sus tiempos y formas fundamentales: clasificación *ET, OT, OTTEN*.

Infinitivo

She is trying *to* forg*ET* that horrible accident.
(Ella está tratando de olvidar ese horrible accidente.)

(af.)   I forg*ET* my keys when I am in a hurry.
        (Yo olvido mis llaves cuando estoy de prisa.)

(neg.) I DO NOT forg*ET* my keys when I ham in a hurry.

(int.) DO I forg*ET* my keys when I am in a hurry?

Pasado

(af.)   He forg*OT* to bring his camera *yesterday*.
        (Él olvidó traer su cámara ayer.)

(neg.) He DID NOT forg*et* to bring his camera *yesterday*.

(int.) DID he forg*et* to bring his camera *yesterday*?

Antepresente

(af.)   Mary *has* forg*OTTEN* her teacher's address.
        (María ha olvidado la dirección de su maestra.)

(neg.) Mary *has* NOT forg*OTTEN* her teacher's address.

(int.) *Has* Mary forg*OTTEN* her teacher's address?

Ejemplos ilustrativos de cómo emplear el verbo marcado con el número 3 en sus tiempos y formas fundamentales: clasificación *ET*, *OT*, *OTTEN*.

Infinitivo

That stallion will have *to* beg*ET* fine horses.
(Ese caballo padre tendrá que engendrar magníficos caballos.)

Presente

(af.)   This bull beg*ET*s fine specimens.
        (Este toro engendra magníficos ejemplares.)

(neg.) This bull DOES NOT beg*ET* fine specimens.

(int.) DOES this bull beg*ET* fine specimens?

Pasado

(af.)   That patriarch beg*OT* many children.
        (Ese patriarca engendró muchos hijos.)

(neg.)   That patriarch DID NOT beg*et* many children.

(int.)   DID that patriarch beg*et* many children?

Antepresente

(af.,   This stallion *has* beg*OTTEN* a lot of specimens.
          (Este caballo padre ha engendrado muchos ejemplares.)

(neg.)   This stallion *has* NOT beg*OTTEN* a lot of specimens.

(int.)   *Has* this stallion beg*OTTEN* a lot of specimens?

Ejemplos ilustrativos de cómo emplear el verbo marcado con el número 1 en sus tiempos y formas fundamentales sub-clasificación *EN* (participio pasado).

Infinitivo

I would like *to* eat chicken salad.
(Me gustaría comer ensalada de pollo.)

Presente

(af.)   They eat dinner in a restaurant *every day*.
          (Ellos comen en un restaurante todos los días.)

(neg.)   They DO NOT eat dinner in a restaurant *every day*.

(int.)   DO they eat dinner in a restaurant *every day?*

Pasado

(af.)   John ate pork chops *yesterday*.
          (Juan comió chuletas de puerco ayer.)

(neg.)   John DID NOT eat pork chops *yesterday*.

(int.)   DID John eat pork chops *yesterday?*

Antepresente

(af.)   We *have* eat*EN* shrimps *many times*.
          (Hemos comido camarones muchas veces.)

(neg.)   We *have* NOT eat*EN* shrimps *many times*.

(int.)   *Have* we eat*EN* shrimps *many times?*

Ejemplos ilustrativos de cómo emplear el verbo marcado con el número 2 en sus tiempos y formas fundamentales: sub-clasificación *EN* (participio pasado).

Infinitivo

He is going *to* fall if he keeps on skating.
(Él va a caerse si sigue patinando.)

Presente

(af.)   Henry falls when he skates.
(Enrique se cae cuando patina.)

(neg.) Henry DOES NOT fall when he skates.

(int.) DOES Henry fall when he skates?

Pasado

(af.)   Henry fell when he was skating *yesterday.*
(Enrique se cayó cuando estaba patinando ayer.)

(neg.) Henry DID NOT fall when he was skating *yesterday*

(int.) DID Henry fall when he was skating *yesterday?*

Antepresente

(af.)   He *has* fall*EN many times* while skating.
(Él se ha caído muchas veces al patinar.)

(neg.) He *has* NOT fall*EN many times* while skating.

(int.) *Has* he fall*EN many times* while skating?

Clasificación: *OME, AME, OME.*

Características: El rasgo afín en el infinitivo son las letras *ome;* en el pasado *ame* y en el participio pasado *ome.* Nótese que el rasgo del infinitivo y el participio pasado son idénticos.

Fonética: Pronúnciese *om, eim, om* respectivamente las letras afines.

Infinitivo	Pasado	Participio Pasado
(OME)	*(AME)*	*(OME)*
1. *to* c*OME* (venir)	c*AME* (vino)	c*OME* (venido)
2. *to* bec*OME** (llegar a ser, volverse)	bec*AME* (llegó a ser, se volvió)	bec*OME* (llegado a ser, convertido)
3. *to* overc*OME* (sobreponerse, triunfar sobre)	overc*AME* (se sobrepuso, triunfó sobre)	overc*OME* (sobrepuesto, triunfado sobre)

* El verbo *to become* cuando va seguido de algunos adjetivos adquiere distintos significados. Ejemplos:

to become *impatient*	= impacientarse
to become *angry*	= enojarse
to become *rich*	= enriquecerse
to become *crazy*	= volverse loco
to become *red*	= sonrojarse

Ejemplos ilustrativos de cómo emplear el verbo marcado con el número 1 en sus tiempos y formas fundamentales: clasificación *OME, AME, OME.*

Infinitivo

They like *to* c*OME* here on week-ends.
(A ellos les gusta venir aquí los fines de semana.)

147

Presente

(af.)   My friends c*OME* for dinner on Sundays.
(Mis amigos vienen a comer los domingos.)

(neg.) My friends DO NOT c*OME* for dinner on Sundays.

(int.) DO my friends c*OME* for dinner on Sundays?

Pasado

(af.)   Henry c*AME* here *yesterday.*
(Enrique vino aquí ayer.)

(neg.) Henry DID NOT *come* here *yesterday.*

(int.) DID Henry *come* here *yesterday?*

Antepresente

(af.)   The tourists *have* c*OME* to this place *many times.*
(Los turistas han venido a este lugar muchas veces.)

(neg.) The tourists *have* NOT c*OME* to this place *many times.*

(int.) *Have* the tourists c*OME* to this place *many times?*

Ejemplos ilustrativos de cómo emplear el verbo marcado con el número 2 en sus tiempos y formas fundamentales: clasificación *OME, AME, OME.*

Infinitivo

Paul wants *to* bec*OME* a lawyer.
(Pablo quiere llegar a ser abogado.)

Presente

(af.)   They bec*OME* impatient with the children.
(Ellos se impacientan con los niños.)

(neg.) They DO NOT bec*OME* impatient with the children.

(int.) DO they bec*OME* impatient with the children?

148

Pasado

(af.)   Mr. Johnson bec*AME* president *last year.*
(El señor Johnson llegó a ser presidente el año pasado.)

(neg.)   Mr. Johnson DID NOT bec*ome* president *last year.*

(int.)   DID Mr. Johnson bec*ome* president *last year?*

Antepresente

(af.)   My uncle *has* bec*OME* United States citizen.
(Mi tío ha llegado a ser ciudadano de los Estados Unidos.)

(neg.)   My uncle *has* NOT bec*OME* United States citizen.

(int.)   *Has* my uncle bec*OME* United States citizen?

Ejemplos ilustrativos de cómo emplear el verbo marcado con el número 3 en sus tiempos y formas fundamentales: clasificación *OME, AME, OME.*

Infinitivo

You have *to* overc*OME* pain.
(Tienes que sobreponerte al dolor.)

Presente

(af.)   1 overc*OME* fear during earthquakes.
(Me sobrepongo al miedo durante los temblores de tierra.)

(neg.)   I DO NOT overc*OME* fear during earthquakes.

(int.)   DO 1 overc*OME* fear during earthquakes?

Pasado

(af.)   He overc*AME* pain after his operation.
(Él se sobrepuso al dolor después de su operación.)

(neg.)   He DID NOT overc*ome* pain after his operation.

(int.)   DID he overc*ome* pain after his operation?

149

Antepresente

(af.)   Robert *has* overcOME his handicap.
         (Roberto ha triunfado sobre su defecto físico.)

(neg.)   Robert *has* NOT overcOME his handicap.

(int.)   *Has* Robert overcOME his handicap?

Clasificaciones: *A, B* y *C* (Afinidad en el Participio Pasado solamente).

Características: Las tres clasificaciones *A, B* y *C* son desafines entre sí en el presente y pasado. La primera tiene como rasgo mnemotécnico la terminación *AIN* en sus participios pasados. La segunda, la terminación *EEN*. Y la tercera *ONE* en el participio pasado y *O* que es común en el infinitivo.

Fonética: Pronúnciese *ein, in* y *on* respectivamente dichos rasgos mnemotécnicos.

Infinitivo	Pasado	Participio Pasado AIN	
1. to lie (yacer, tenderse)	lay (yació, se tendió)	l*AIN* (yacido, tendido)	**A**
2. to slay (matar)	slew (mató)	sl*AIN* (matado)	

Infinitivo	Pasado	Participio Pasado EEN	
1. to be (ser, estar)	was (era, estaba, estuvo) were (eran, estaban, estuvieron)	b*EEN* (sido, estado)	**B**
2. to see (ver)	saw (vio)	s*EEN* (visto)	
3. to foresee (prever)	foresaw (previó)	fores*EEN* (previsto)	

Infinitivo	Pasado	Participio Pasado ONE	
1. to d*O* (hacer)	did (hizo)	d*ONE* (hecho)	**C**
2. to g*O* (ir)	went (fue)	g*ONE* (ido)	
3. to underg*O* (someterse a, experimentar)	underwent (se sometió, experimentó)	underg*ONE* (sometido, experimentado)	

151

Ejemplos ilustrativos de cómo emplear el verbo marcado con el número 1 en sus tiempos y formas fundamentales: clasificación A.

Infinitivo

He had *to* lie on the floor during the shooting.
(Él tuvo que tenderse en el piso durante el tiroteo.)

Presente

(af.) Mr. Taylor's tomb lies in the National Cementery.
(La tumba del señor Taylor está en el Cementerio Nacional.)

(neg.) Mr. Taylor's tomb DOES NOT lie in the National Cementery.

(int.) DOES Mr. Taylor's tomb lie in the National Cementery?

Pasado

(af.) He lay unconscious when he was hurt.
(Él yació inconsciente cuando fue herido.)

(neg.) He DID NOT *lie* unconscious when he was hurt.

(int.) DID he *lie* unconscious when he was hurt?

Antepresente

(af.) The dead body *has* lAIN on the floor for hours.
(El cadáver ha yacido en el piso por horas.)

(neg.) The dead body *has* NOT lAIN on the floor for hours.

(int.) *Has* the dead body lAIN on the floor for hours?

Ejemplos ilustrativos de cómo emplear el verbo marcado con el número 2 en sus tiempos y formas fundamentales: clasificación A.

Infinitivo

He didn't have *to* slay that man.
(Él no tenía que matar a ese hombre.)
152

Presente

(af.)   They slay innocent people.
        (Ellos matan a gente inocente.)

(neg.) They DO NOT slay innocent people.

(int.) DO they slay innocent people?

Pasado

(af.)   He slew a man *last week*.
        (Él le quitó la vida a un hombre la semana pasada.)

(neg.) He DID NOT *slay* a man *last week*.

(int.) DID he *slay* a man *last week?*

Antepresente

(af.)   They *have* sl*AIN* many innocent people during the war.
        (Ellos han matado a muchas personas inocentes durante
        la guerra.)

(neg.) They *have* NOT sl*AIN* many innocent people during
        the war.

(int.) *Have* they sl*AIN* many innocent people during the war?

Ejemplos ilustrativos de cómo emplear el verbo marcado con
el número 1 en sus tiempos y formas fundamentales: clasificación *B*.

Infinitivo

We have *to* be prepared in case of emergency.
(Tenemos que estar preparados en caso de emergencia.)

Presente

(af.)   Henry *IS* busy *in the morning*.
        (Enrique está ocupado en la mañana.)

(neg.) Henry *IS* NOT busy *in the morning*.

(int.) *IS* Henry busy *in the morning?*

153

Pasado

(af.) Alice *WAS* sick *yesterday.*
(Alicia estuvo enferma ayer.)

(neg.) Alice *WAS* NOT sick *yesterday.*

(int.) *WAS* Alice sick *yesterday?*

Antepresente

(af.) They *have* bEEN friends *since a long time ago.*
(Ellos han sido amigos desde hace muchos años.)

(neg.) They *have* NOT bEEN friends *since a long time ago.*

(int.) *Have* they bEEN friends *since a long time ago?*

Ejemplos ilustrativos de cómo emplear el verbo marcado con el número 2 en sus tiempos y formas fundamentales: ciasificación *B.*

Infinitivo

She would like *to* she her Mexican friends again.
(A ella le gustaría ver a sus amigos mexicanos otra vez.)

Presente

(af.) They see him very *often.*
(Ellos lo ven muy seguido.)

(neg.) They DO NOT see him very *often.*

(int.) DO they see him very *often?*

Pasado

(af.) Mary saw Charles *yesterday.*
(María vio a Carlos ayer.)

(neg.) Mary DID NOT *see* Charles *yesterday.*

(int.) DID Mary *see* Charles *yesterday?*

Antepresente

(af.) We *have* sEEN many cow-boy pictures.
(Hemos visto muchas películas de vaqueros.)

(neg.)   We *have* NOT s*EEN* many cow-boy pictures.

(int.)   *Have* we s*EEN* many cow-boy pictures?

Ejemplos ilustrativos de cómo emplear el verbo marcado con el número 3 en sus tiempos y formas fundamentales: clasificación *B*.

Infinitivo

You have *to* foresee unexpected accidents.
(Usted tiene que prever accidentes inesperados.)

Presente

(af.)   The chief engineer foresees everything at the plant.
(El ingeniero en jefe preve todo en la planta.)

(neg.)   The chief engineer DOES NOT foresee everything at the plant.

(int.)   DOES the chief engineer foresee everything at the plant?

Pasado

(af.)   He foresaw every detail in the maintenance department.
(Él previó todos los detalles en el departamento de mantenimiento.)

(neg.)   He DID NOT *foresee* every detail in the maintenance department.

(int.)   DID the *foresee* every detail in the maintenance department?

Antepresente

(af.)   He *has* fores*EEN* every work accident.
(Él ha previsto todos los accidentes de trabajo.)

(neg.)   He *has* NOT fores*EEN* every work accident.

(int.)   *Has* he fores*EEN* every work accident?

Ejemplos ilustrativos de cómo emplear el verbo marcado con el número 1 en sus tiempos y formas fundamentales: clasificación *C*.

Infinitivo

I have *to do* this assignment right now.
(Tengo que hacer esta asignación en seguida.)

Presente

(af.) Some housewives do their chores *every day.*
(Algunas amas de casa hacen sus labores domésticos todos los días.)

(neg.) Some housewives DO NOT do their chores *every day.*

(int.) DO some housewives do their chores *every day?*

Pasado

(af.) Helen did her home-work *last night.*
(Elena hizo su tarea anoche.)

(neg.) Helen DID NOT do her home-work *last night.*

(int.) DID Helen do her home-work *last night?*

Antepresente

(af.) They *have* d*ONE* a good work *lately.*
(Ellos han hecho un buen trabajo últimamente.)

(neg.) They *have* NOT d*ONE* a good work *lately.*

(int.) *Have* they d*ONE* a good work *lately?*

Ejemplos ilustrativos de cómo emplear el verbo marcado con el número 2 en sus tiempos y formas fundamentales: clasificación *C*.

Infinitivo

I wish *to go* to a picnic next Sunday.
(Deseo ir a un día de campo el próximo domingo.)

Presente

(af.) Some students go to school on Saturday.
(Algunos estudiantes van a la escuela el sábado.)

(neg.) Some students DO NOT go to school on Saturday.

(int.) DO some students go to school on Saturday?

Pasado

(af.) John went to New York *last year.*
(Juan fue a Nueva York el año pasado.)

156

(neg.)   John DID NOT *go* to New York *last year.*

(int.)   DID John *go* to New York *last year?*

Antepresente

(af.)   They *have* g*ONE* to the theater.
        (Ellos han ido al teatro.)

(neg.)   They *have* NOT g*ONE* to the theater.

(int.)   *Have* they g*ONE* to the theater?

Ejemplos ilustrativos de cómo emplear el verbo marcado con el número 3 en sus tiempos y formas fundamentales: clasificación C.

Infinitivo

He does not want *to* undergo that surgical operation.
(Él no quiere someterse a esa operación quirúrgica.)

Presente

(af.)   My aunt undergoes medical treatments very *often.*
        (Mi tía se somete a tratamientos médicos muy seguido.)

(neg.)   My aunt DOES NOT undergo medical treatments very *often.*

(int.)   DOES my aunt undergo medical treatments very *often?*

Pasado

(af.)   Paul underwent a surgical operation *last week.*
        (Pablo se sometió a una operación quirúrgica la semana pasada.)

(neg.)   Paul DID NOT undergo a surgical operation *last week.*

(int.)   DID Paul undergo a surgical operation *last week?*

Antepresente

(af.)   She *has* underg*ONE* two surgical operations.
        (Ella se ha sometido a dos operaciones quirúrgicas.)

(neg.)   She *has* NOT underg*ONE* two surgical operations.

(int.)   *Has* she underg*ONE* two surgical operations?

TERCER GRUPO

VERBOS CON FORMAS IDÉNTICAS EN EL INFINITIVO,
PASADO Y PARTICIPIO PASADO

Clasificación: *ET, ET, ET* con variantes *EAD* y *EAT*.

Características: La combinación *et* es el rasgo común en sus tres
formas excepto en *to spread, to sweat* y *to beat*.

Fonética: Pronúnciese *et* esta característica común. Las vocales *ea* en *spread* y *sweat* tienen sonido de *e* castellana, en
tanto que la combinación *ea* en *beat* suena *i*. Sin embargo,
advierta que en todos estos verbos predomina el sonido de
la vocal *e*, excluyendo a *to beat*.

	Infinitivo	*Pasado*	*Participio Pasado*
1.	*to* l*ET* (dejar, permitir)	l*ET* (dejó, permitió)	l*ET* (dejado, permitido)
2.	*to* s*ET* (fijar, poner)	s*ET* (fijó, puso)	s*ET* (fijado, puesto)
3.	*to* w*ET* (mojar, humede-cer)	w*ET* (mojó, humedeció)	w*ET* (mojado, humedeci-do)
4.	*to* b*ET* (apostar)	b*ET* (apostó)	b*ET* (apostado)
5.	*to* spr*EAD* (extender, desple-gar)	spr*EAD* (extendió, desplegó)	spr*EAD* (extendido, desple-gado)
6.	*to* sw*EAT** (sudar)	sw*EAT* (sudó)	sw*EAT* (sudado)
7.	*to* b*EAT*** (batir, golpear, vencer)	b*EAT* (batió, golpeó, ven-ció)	b*EAT* (batido, golpeado, vencido)

* Este verbo puede también ser regular (to sweat-sweat*ed*).

** Su participio pasado también puede ser b*eaten*. Por otra parte,
to beat puede significar asimismo *latir* (the heart *beats*: late el cora-
zón) al igual que *tocar* (*to beat* the drum: tocar el tambor).

Ejemplos ilustrativos de cómo emplear el verbo marcado con el número 1 en sus tiempos y formas fundamentales: clasificación *ET, ET, ET.*

Infinitivo

I am going *to* l*ET* you use my English book.
(Te voy a permitir usar mi libro de inglés.)

Presente

(af.)   I l*ET* my friends play in the backyard.
(Yo dejo a mis amigos jugar en el patio trasero.)

(neg.)   I DO NOT l*ET* my friends play in the backyard.

(int.)   DO I l*ET* my friends play in the backyard?

Pasado

(af.)   The teacher l*ET* him go home early *yesterday.*
(El maestro le permitió a él ir a su casa temprano ayer.)

(neg.)   The teacher DID NOT l*et* him go home early *yesterday.*

(int.)   DID the teacher l*et* him go home early *yesterday?*

Antepresente

(af.)   Our parents *have* l*ET* us travel during the Summer.
(Nuestros padres nos han dejado viajar durante el verano.)

(neg.)   Our parents *have* NOT l*ET* us travel during the Summer.

(int.)   *Have* our parents l*ET* us travel during the Summer?

Ejemplos ilustrativos de cómo emplear el verbo marcado con el número 2 en sus tiempos y formas fundamentales: clasificación *ET, ET, ET.*

Infinitivo

The manager is going *to* s*ET* the date for the next meeting.
(El gerente va a fijar la fecha para la próxima junta.)

Presente

(af.)   Mary s*ET*s the table *every day*.
        (María pone la mesa todos los días.)

(neg.) Mary DOES NOT s*ET* the table *every day*.

(int.)   DOES Mary s*ET* the table *every day?*

Pasado

(af.)   You s*ET* the clock on time *yesterday*.
        (Usted puso el reloj en hora ayer.)

(neg.) You DID NOT s*et* the clock on time *yesterday*.

(int.)   DID you s*et* the clock on time *yesterday?*

Antepresente

(af.)   They *have* s*ET* the date for the next meeting.
        (Ellos han fijado la fecha para la próxima junta.)

(neg.) They *have* NOT s*ET* the date for the next meeting.

(int.)   *Have* they s*ET* the date for the next meeting?

Ejemplos ilustrativos de cómo emplear el verbo marcado con el número 3 en sus tiempos y formas fundamentales: clasificación *ET, ET, ET*.

Infinitivo

I think this rain is going *to* w*ET* the dry fields soon.
(Yo creo que esta lluvia va a mojar los campos secos pronto.)

Presente

(af.)   The rains w*ET* this region during this season.
        (Las lluvias mojan esta región durante esta estación.)

(neg.) The rains DO NOT w*ET* this region during this season.

(int.)   DO the rains w*ET* this region during this season?

Pasado

(af.)   The gardener w*ET* the grass *last week*.
        (El jardinero mojó el césped la semana pasada.)

(neg.)   The gardener DID NOT w*et* the grass *last week.*

(int.)   DID the gardener w*et* the grass *last week?*

Antepresente

(af.)   The woman *has* w*ET* the clothes before ironing them.
(La mujer ha humedecido la ropa antes de plancharla.)

(neg.)   The woman *has* NOT w*ET* the clothes before ironing them?

(int.)   *Has* the woman w*ET* the clothes before ironing them?

Ejemplos ilustrativos de cómo emplear el verbo marcado con el número 4 en sus tiempos y formas fundamentales: clasificación *ET, ET, ET.*

Infinitivo

He likes *to* b*ET* money in the horse races.
(A él le gusta apostar dinero en las carreras de caballos.)

Presente

(af.)   Some gamblers b*ET* money in *every* horse-race.
(Algunos jugadores apuestan dinero en todas las carreras de caballos.)

(neg.)   Some gamblers DO NOT b*ET* money in *every* horse-race.

(int.)   DO some gamblers b*ET* money in *every* horse-race?

Pasado

(af.)   He b*ET* too much money in the *last* race.
(Él apostó demasiado dinero en la última carrera.)

(neg.)   He DID NOT b*et* too much money in the *last* race.

(int.)   DID he b*et* too much money in the *last* race?

Antepresente

(af.)   John *has* b*ET* them very much money in the horse-races.
(Juan les ha apostado mucho dinero en las carreras de caballos.)

161

(neg.) John *has* NOT b*ET* them very much money in the horse-races.

(int.) *Has* John b*ET* them very much money in the horse-races?

Ejemplos ilustrativos de cómo emplear el verbo marcado con el número 5 en sus tiempos y formas fundamentales: clasificación *ET, ET, ET.*

Variante: *EAD, EAD, EAD.*

Infinitivo

The dying eagle was trying *to* spr*EAD* its wings in vain.
(El águila moribunda estaba tratando de extender sus alas en vano.)

Presente

(af.)   Some birds spr*EAD* their wings as they fly.
(Algunas aves extienden las alas cuando vuelan.)

(neg.) Some birds DO NOT spr*EAD* their wings as they fly.

(int.) DO some birds spr*EAD* their wings as they fly?

Pasado

(af.)   The epidemic spr*EAD* over the city very quickly.
(La epidemia se extendió sobre la ciudad muy rápidamente.)

(neg.) The epidemic DID NOT spr*ead* over the city very quickly.

(int.) DID the epidemic spr*ead* over the city very quickly?

Antepresente

(af.)   The infection *has* spr*EAD* all over his wound.
(La infección se ha extendido por toda su herida.)

162

(neg.)　Tne infection *has* NOT spr*EAD* all over his wound.

(int.)　*Has* the infection spr*EAD* all over his wound?

Ejemplos ilustrativos de cómo emplear el verbo marcado con el número 6 en sus tiempos y formas fundamentales: clasificación: *ET, ET, ET.*

Variante: *EAT, EAT, EAT.*

Infinitivo

You are going *to* sw*EAT* very much in that hot weather.
(Tú vas a sudar mucho en ese clima caliente.)

Presente

(af.)　I sw*EAT* very much *during the Summer.*
(Yo sudo mucho durante el verano.)

(neg.)　I DO NOT sw*EAT* very much *during the Summer.*

(int.)　DO I sw*EAT* very much *during the Summer?*

Pasado

(af.)　You sw*EAT* a lot in that crowded bus *yesterday.*
(Usted sudó mucho en ese autobús atestado ayer.)

(neg.)　You DID NOT sw*eat* a lot in that crowded bus *yesterday.*

(int.)　DID you sw*eat* a lot in that crowded bus *yesterday?*

Antepresente

(af.)　We *have* sw*EAT* a great deal *during this mountain-climbing.*
(Hemos sudado mucho durante la ascensión de esta montaña.)

(neg.)　We *have* NOT sw*EAT* a great deal *during this mountain-climbing.*

(int.)　*Have* we sw*EAT* a great deal *during this mountain-climbing?*

Ejemplos ilustrativos de cómo emplear el verbo marcado con el número 7 en sus tiempos y formas fundamentales: clasificación *ET, ET, ET*.

Variante: *EAT, EAT, EAT*.

Infinitivo

Mary likes *to* b*EAT* the eggs for the cake.
(A María le gusta batir los huevos para el pastel.)

Presente

(af.)   Henry b*EAT*s the drum in the school band.
(Enrique toca el tambor en la banda de la escuela.)

(neg.)   Henry DOES NOT b*EAT* the drum in the school band.

(int.)   DOES Henry b*EAT* the drum in the school band?

Pasado

(af.)   The world's champion b*EAT* his foe in the first round.
(El campeón mundial venció a su oponente en el primer asalto.)

(neg.)   The world's champion DID NOT b*eat* his foe in the first round.

(int.)   DID the world's champion b*eat* his foe in the first round?

Antepresente

(af.)   That man *has* b*EAT* (b*eaten*) his wife *many times*.
(Ese hombre ha golpeado a su esposa muchas veces.)

(neg.)   That man *has* NOT b*EAT* (b*eaten*) his wife *many times*.

(int.)   *Has* that man b*EAT* (b*eaten*) his wife *many times?*

Clasificación: *IT, IT, IT.*

Características: La combinación *IT* es el rasgo común en sus tres formas.

Fonética: Pronúnciese la vocal *i* con sonido intermedio entre la *i* y la *e*, o sea, con la abertura bucal de la *i* pero emitiendo el sonido de la *e*. En suma, dicha combinación *IT* se pronuncia igual que el pronombre *it*.

Infinitivo	Pasado	Participio Pasado
1. *to* h*IT* (pegar, golpear)	h*IT* (pegó, golpeó)	h*IT* (pegado, golpeado)
2. *to* qu*IT* (dejar de, renunciar)	qu*IT* (dejó de, renunció)	qu*IT* (dejado de, renunciado)
3. *to* sp*IT* (escupir)	sp*IT* (escupió)	sp*IT* (escupido)
4. *to* spl*IT* (dividir)	spl*IT* (dividió)	spl*IT* (dividido)

Sub-clasificación: *ID, ID, ID.*

Infinitivo	Pasado	Participio Pasado
1. *to* b*ID* (ofrecer, despedirse)*	b*ID* (ofreció, despidió)*	b*ID* (ofrecido, despedido)*
2. *to* get r*ID* (deshacerse, librarse)**	got r*ID* (se deshizo, se libró)	got r*ID* (deshecho, librado)

* *To bid farewell* significa *despedirse*, o sea, sólo cuando se combinan estas dos palabras. Recuérdese que *to bid* se halla también agrupado en la clasificación *I-E, A-E, I-EN: to bid, bade, bidden.*

** *To get rid* es un verbo reflexivo cuya radical es *to get, got, got* o *gotten.* Es por lo tanto un verbo compuesto que se apega al patrón de su radical. Por otra parte, existe también el verbo *to rid, rid, rid* pero no es reflexivo y el cual significa *librar, quitar de encima.*

165

Ejemplos ilustrativos de cómo emplear el verbo marcado con el número 1 en sus tiempos y formas fundamentales: clasificación *1T, 1T 1T*.

Infinitivo

Robert likes *to* h*1T* the ball with his bat.
(A Roberto le gusta pegarle a la pelota con su bate.)

Presente

(af.)   The boys h*1T* the ball very hard when they play base-ball.
(Los muchachos golpean la pelota muy fuerte cuando juegan al beisbol.)

(neg.)   The boys DO NOT h*1T* the ball very hard when they play base-ball.

(int.)   DO the boys h*1T* the ball very hard when they play base-ball?

Pasado

(af.)   John h*1T* Peter with a stick *yesterday*.
(Juan le pegó a Pedro con un palo ayer.)

(neg.)   John DID NOT h*it* Peter a stick *yesterday*.

(int.)   DID John h*it* Peter with a stick *yesterday?*

Antepresente

(af.)   George *has* h*1T* little brother *many times*.
(Jorge le ha pegado a su hermanito muchas veces.)

(neg.)   George *has* NOT h*1T* little brother *many times*.

(int.)   *Has* George h*1T* his little brother *many times?*

Ejemplos ilustrativos de cómo emplear el verbo marcado con el número 2 en sus tiempos y formas fundamentales: clasificación *1T, 1T, 1T*.

Infinitivo

My brother is not going *to* qu*1T* his job.
(Mi hermano no va a renunciar a su empleo.)

(af.)   You qu*I*T your jobs *often.*
(Tú renuncias a tus empleos muy seguido.)

(neg.)   You DO NOT qu*I*T your jobs *very often.*

(int.)   DO you qu*I*T your jobs *very often?*

Pasado

(af.)   John qu*I*T smoking *last month.*
(Juan dejó de fumar el mes pasado.)

(neg.)   John DID NOT qui*t* smoking *last month.*

(int.)   DID John qui*t* smoking *last month?*

Antepresente

(af.)   Mr. Taylor *has* qu*I*T his position.
(El señor Taylor ha renunciado a su puesto.)

(neg.)   Mr. Taylor *has* NOT qu*I*T his position.

(int.)   *Has* Mr. Taylor qu*I*T his position?

Ejemplos ilustrativos de cómo emplear el verbo marcado con el número 3 en sus tiempos y formas fundamentales: clasificación *IT, IT, IT.*

Infinitivo

You do not have *to* sp*I*T on the floor.
(Tú no tienes que escupir en el piso.)

Presente

(af.)   Those students sp*I*T on the floor.
(Esos estudiantes escupen en el piso.)

(neg.)   Those students DO NOT sp*I*T on the floor.

(int.)   DO those students sp*I*T on the floor?

(af.)   He sp*I*T on the floor *yesterday*.
(Él escupió en el piso ayer.)

(neg.) He DID NOT sp*it* on the floor *yesterday*.

(int.) DID he sp*it* on the floor *yesterday?*

Antepresente

(af.)   He *has* sp*I*T on the floor *many times*.
(Él ha escupido en el piso muchas veces.)

(neg.) He *has* NOT sp*I*T on the floor *many times*.

(int.) *Has* he sp*I*T on the floor *many times?*

Ejemplos ilustrativos de cómo emplear el verbo marcado con el número 4 en sus tiempos y formas fundamentales: clasificación *IT, IT, IT*.

Infinitivo

He his going *to* sp*II*T the earnings tomorrow.
(Él va a dividir las ganancias mañana.)

Presente

(af.)   They sp*II*T the profits among themselves *every year*
(Ellos se dividen las utilidades cada año.)

(neg.) They DO NOT sp*I*T the profits among themselves *every year*.

(int.) DO they sp*I*T the profits among themselves *every year?*

Pasado

(af.)   Robert sp*II*T the money among his friends *yesterday*.
(Roberto dividió el dinero entre sus amigos ayer.)

(neg.) Robert DID NOT sp*lit* the money among his friends *yesterday*.

(int.) DID Robert sp*lit* the money among his friends *yesterday?*

168

Antepresente

(af.)   They *have* spl/*T* the profits among themselves.
        (Ellos se han dividido las utilidades.)

(neg.) They *have* NOT spl/*T* the profits among themselves.

(int.) *Have* they spl/*T* the profits among themselves?

Ejemplos ilustrativos de cómo emplear el verbo marcado con el número 1 en sus tiempos y formas fundamentales: sub-clasificación *ID*, *ID*, *ID*.

Infinitivo

He likes *to* b/*D* too much money in the auctions.
(A él le gusta ofrecer demasiado dinero en las subastas.)

Presente

(af.)   You b/*D* money in *every* auction.
        (Usted ofrece dinero en cada subasta.)

(neg.) You DO NOT b/*D* money in *every* auction.

(int.) DO you b/*D* money in *every* auction?

Pasado

(af.)   He b/*D* a higher price *during the last* auction.
        (Él ofreció un precio más alto durante la última subasta.)

(neg.) He DID NOT b*id* a higher price *during the last* auction.

(int.) DID he b*id* a higher price *during the last* auction?

Antepresente

(af.)   Henry *has* b/*D* farewell to all his friends.
        (Enrique se ha despedido de todos sus amigos.)

(neg.) Henry *has* NOT b/*D* farewell to all his friends.

(int.) *Has* Henry b/*D* farewell to all his friends?

Ejemplos ilustrativos de cómo emplear el verbo marcado con el número 2 en sus tiempos y formas fundamentales: sub-clasificación *ID, ID, ID*.

Infinitivo

He is trying to get r*ID* of me.
(Él está tratando de deshacerse de mí.)

Presente

(af.)   My aunt gets r*ID* of the mice *every month*.
(Mi tía se libra de los ratones cada mes.)

(neg.) My aunt DOES NOT get r*ID* of the mice *every month*.

(int.) DOES my aunt get r*ID* of the mice *every month?*

Pasado

(af.)   They got r*ID* of all their old furniture.
(Ellos se deshicieron de todos sus muebles viejos.)

(neg.) They DID NOT get r*id* of all their old furniture.

(int.) DID they get r*id* of all their old furniture?

Antepresente

(af.)   We *have* got r*ID* of the bugs at home.
(Nos hemos librado de los insectos en casa.)

(neg.) We *have* NOT got r*ID* of the bugs at home.

(int.) *Have* we got r*ID* of the bugs at home?

Clasificación: *U-T* u *O-T.*

Características: Las letras *u-t* y *o-t* son rasgos comunes en esta agrupación.

Fonética: Las vocales *u* y *o* tienen sonido de *o* española en la mayoría de los verbos. Solamente en *to put* suena como *u* y en *to hurt* y *to burst* como *e.*

Infinitivo	*Pasado*	*Participio Pasado*
1. *to* c*UT* (cortar, partir)	c*UT* (cortó, partió)	c*UT* (cortado, partido)
2. *to* sh*UT* (cerrar)	sh*UT* (cerró)	sh*UT* (cerrado)
3. *to* thr*UsT** (introducir, meter)	thr*UsT* (introdujo, metió)	thr*UsT* (introducido, metido)
4. *to* c*OsT* (costar)	c*OsT* (costó)	c*OsT* (costado)
5. *to* h*UrT* (herir, lastimar)	h*UrT* (hirió, lastimó)	h*UrT* (herido, lastimado)
6. *to* b*UrsT* (reventar, estallar)	b*UrsT* (reventó, estalló)	b*UrsT* (reventado, estallado)
7. *to* p*UT* (poner, colocar)	p*UT* (puso, colocó)	p*UT* (puesto, colocado)

* El sonido de *th* en *to thrust* es equivalente al de la *z* como se pronuncia en España: azul.

Ejemplos ilustrativos de cómo emplear el verbo marcado con el número 1 en sus tiempos y formas fundamentales: clasificación *U-T* u *O-T.*

Infinitivo

Alex likes *to* c*UT* wood for firewood.
(A Alejandro le gusta cortar madera para leña.)

171

Presente

(af.)   They cUT wood for firewood *every week.*
        (Ellos cortan madera para leña cada semana.)

(neg.) They DO NOT cUT wood for firewood *every week.*

(int.) DO they cUT wood for firewood *every week?*

Pasado

(af.)   John cUT his finger *yesterday.*
        (Juan se cortó el dedo ayer.)

(neg.) John DID NOT cut his finger *yesterday.*

(int.) DID John cut his finger *yesterday?*

Antepresente

(af.)   Alice *has* cUT the linen according to the pattern.
        (Alicia ha cortado la tela de acuerdo con el patrón.)

(neg.) Alice *has* NOT cUT the linen according to the pattern.

(int.) *Has* Alice cUT the linen according to the pattern?

Ejemplos ilustrativos de cómo emplear el verbo marcado con el número 2 en sus tiempos y formas fundamentales: clasificación *U-T* u *O-T*.

Infinitivo

He will have *to* shUT *up* right now.
(Él tendrá que callarse la boca ahora mismo.)

Presente

(af.)   I shUT the door *every night.*
        (Yo cierro la puerta todas las noches.)

(neg.) I DO NOT shUT the door *every night.*

(int.) DO I shUT the door *every night?*

Pasado

(af.)   Mary sh*UT* the window *last night.*
          (María cerró la ventana anoche.)

(neg.)   Mary DID NOT shut the window *last night.*

(int.)   DID Mary shut the window *last night?*

Antepresente

(af.)   She *has* sh*UT* all the doors and windows.
          (Ella ha cerrado todas las puertas y ventanas.)

(neg.)   She *has* NOT sh*UT* all the doors and windows.

(int.)   *Has* she sh*UT* all the door and windows?

Ejemplos ilustrativos de cómo emplear el verbo marcado con el número 3 en sus tiempos y formas fundamentales: clasificación *U-T* u *O-T.*

Infinitivo

He tried *to* thr*UsT* a knife into his enemy's back.
(Él intentó introducir un cuchillo en la espalda de su enemigo.)

Presente

(af.)   They thr*UsT* a sword to the bull in bull-fightings.
          (Ellos le introducen una espada al toro en las corridas de toros.)

(neg.)   They DO NOT thr*UsT* a sword to the bull in bull-fightings.

(int.)   DO they thr*UsT* a sword to the bull in bull-fightings?

Pasado

(af.)   Paul thr*UsT* a coin in his pocket *yesterday.*
          (Pablo se metió una moneda en su bolsillo ayer.)

(neg.)   Paul DID NOT thrust a coin in his pocket *yesterday.*

(int.)   DID Paul thrust a coin in his pocket *yesterday?*

173

Antepresente

(af.) The doctors *have* thr*U*s*T* a tube in the patient's nose. (Los médicos han introducido un tubo en la nariz del paciente.)

(neg.) The doctors *have* NOT thr*U*s*T* a tube in the patient's nose.

(int.) *Have* the doctors thr*U*s*T* a tube in the patient's nose?

Ejemplos ilustrativos de cómo emplear el verbo marcado con el número 4 en sus tiempos y formas fundamentales: clasificación *U-T* u *O-T*.

Infinitivo

That house is going *to* c*O*s*T* more than I figured. (Esa casa va a costar más de lo que creí.)

Presente

(af.) Grapes c*O*s*T* very cheap in this time of the year. (Las uvas cuestan muy baratas en esta época del año.)

(neg.) Grapes DO NOT c*O*s*T* very cheap in this time of the year.

(int.) DO grapes c*O*s*T* very cheap in this time of the year?

Pasado

(af.) This car c*O*s*T* five thousand dollars *last year*. (Este auto costó cinco mil dólares el año pasado.)

(neg.) This car DID NOT c*o*s*t* five thousand dollars *last year*.

(int.) DID the this car c*o*s*t* five thousand dollars *last year*?

Antepresente

(af.) These books *have* c*O*s*T* a lot of money. (Estos libros han costado mucho dinero.)

(neg.) These books *have* NOT c*O*s*T* a lot of money

(int.) *Have* these books c*O*s*T* a lot of money?

Ejemplos ilustrativos de cómo emplear el verbo marcado con el número 5 en sus tiempos y formas fundamentales: clasificación *U-T* u *O-T*.

Infinitivo

You are going *to* h*U*r*T* yourself with that knife.
(Te vas a herir con esa navaja.)

Presente

(af.) Peter h*U*r*T*s his friends when they play together.
(Pedro lastima a sus amigos cuando juegan juntos.)

(neg.) Peter DOES NOT h*U*r*T* his friends when they play together.

(int.) DOES Peter h*U*r*T* his friends when they play together?

Pasado

(af.) Edward h*U*r*T* his arm *yesterday*.
(Eduardo se lastimó el brazo ayer.)

(neg.) Edward DID NOT hurt his arm *yesterday*.

(int.) DID Edward h*U*r*T* his arm *yesterday?*

Antepresente

(af.) Car drivers *have* h*U*r*T* many pedestrians *this year*.
(Los automovilistas han lesionado a muchos peatones este año.)

(neg.) Car drivers *have* NOT h*U*r*T* many pedestrians *this year*.

(int.) *Have* car divers h*U*r*T* many pedestrians *this year?*

Ejemplos ilustrativos de cómo emplear el verbo marcado con el número 6 en sus tiempos y formas fundamentales: clasificación *U-T* u *O-T*.

Infinitivo

That tire is probably going *to* b*U*rs*T* soon.
(Ese neumático probablemente va a reventar pronto.)

175

Presente

(af.) Those mines b*U*rs*T* very easily.
(Esas minas estallan muy fácilmente.)

(neg.) Those mines DO NOT b*U*rs*T* very easily.

(int.) DO those mines b*U*rs*T* very easily?

Pasado

(af.) Helen b*U*rs*T* *into* tears *yesterday*.
(Elena estalló en llanto ayer.) Lit: estalló en lágrimas.

(neg.) Helen DID NOT burs*t* *into* tears *yesterday*.

(int.) DID Helen burs*t* *into* tears *yesterday?*

Antepresente

(af.) Richard *has* b*U*rs*T* the door *open*.
(Ricardo ha abierto la puerta con violencia.)

(neg.) Richard *has* NOT b*U*rs*T* the door *open*.

(int.) *Has* Richard b*U*rs*T* the door *open?*

Ejemplos ilustrativos de cómo emplear el verbo marcado con el número 7 en sus tiempos y formas fundamentales: clasificación *U-T* u *O-T*.

Infinitivo

You do not have *to* p*U T* your books on that table.
(Tú no tienes que poner tus libros en esa mesa.)

Presente

(af.) I p*U T* my clothes on that chair.
(Yo pongo mi ropa en esa silla.)

(neg.) I DO NOT p*U T* my clothes on that chair.

(int.) DO I p*U T* my clothes on that chair?

176

Pasado

(af.)   The manager p*UT* the contract on his desk.
         (El gerente puso el contrato sobre el escritorio.)

(neg.)   The manager DID NOT p*ut* the contract on his desk.

(int.)   DID the manager p*ut* the contract on his desk?

Antepresente

(af.)   They *have* p*UT on* their shoes in a hurry.
         (Ellos se han puesto los zapatos de prisa.)

(neg.)   They *have* NOT p*UT on* their shoes in a hurry.

(int.)   *Have* they p*UT* on their shoes in a hurry?

Clasificación: *CAST, CAST, CAST*.

Características: Las letras *cast* son el rasgo común en este grupo.

Fonética: El sonido de estas letras es igual que el que tienen en castellano.

Infinitivo	Pasado	Participio Pasado
1. *to* CAST (tirar, arrojar, echar)	CAST (tiró, arrojó, echó)	CAST (tirado, arrojado, echado)
2. *to* broadCAST* (difundir)	broadCAST (difundió)	broadCAST (difundido)
3. *to* foreCAST* (predecir)	foreCAST (difundió)	foreCAST (predicho)

* Los verbos *to broadcast* y *to forecast* también pueden ser regulares: *broadcastED, forecastED*.

Ejemplos ilustrativos de cómo emplear el verbo marcado con el número 1 en sus tiempos y formas fundamentales: clasificación *CAST, CAST, CAST*.

Infinitivo

You do not have *to* CAST stones to anybody.
(Tú no tienes que tirar piedras a nadie.)

Presente

(af.) Robert and John CAST lots with their friends.
(Roberto y Juan echan suertes con sus amigos.)

(neg.) Robert and John DO NOT CAST lots with their friends.

(int.) DO Robert and John CAST lots with their friends?

Pasado

(af.) The crowd CAST stones to a mad dog *yesterday*.
(La muchedumbre tiró piedras a un perro rabioso ayer.)

178

(neg.) The crowd DID NOT *cast* stones to a mad dog *yesterday*.

(int.) DID the crowd *cast* stones to a mad dog *yesterday?*

Antepresente

(af.) They *have* CAST a *glance* to that sales report.
(Ellos han echado una ojeada a ese informe de ventas.)

(neg.) They *have* NOT CAST a *glance* to that sales report.

(int.) *Have* they CAST a *glance* to that sales report?

Ejemplos ilustrativos de cómo emplear el verbo marcado con el número 2 en sus tiempos y formas fundamentales: clasificación CAST, CAST, CAST.

Infinitivo

They are going *to* broadCAST that radio show from coast to coast.
(Van a difundir esa función de radio de costa a costa.)

Presente

(af.) They broadCAST a transmission in Spanish *every night*.
(Ellos difunden una transmisión en español todas las noches.)

(neg.) They DO NOT broadCAST a transmission in Spanish *every night*.

(int.) DO they broadCAST a transmission in Spanish *every night?*

Pasado

(af.) They broadCAST a television program from coast to coast *last night*.
(Ellos difundieron un programa de televisión de costa a costa anoche.)

(neg.) They DID NOT broad*cast* a television program from coast to coast *last night*.

(int.) DID they broad*cast* a television program from coast to coast *last night?*

179

(af.)   They *have* broad*CAST* many cultural programs on television.
(Ellos han difundido muchos programas culturales por televisión.)

(neg.) They *have* NOT broad*CAST* many cultural programs on television.

(int.) *Have* they broad*CAST* many cultural programs on television?

Ejemplos ilustrativos de cómo emplear el verbo marcado con el número 3 en sus tiempos y formas fundamentales: clasificación *CAST, CAST, CAST.*

Infinitivo

Some scientists are trying *to* fore*CAST* the weather of earth in a hundred years.
(Algunos hombres de ciencia están tratando de predecir el estado atmosférico de la tierra dentro de cien años.)

Presente

(af.)   Some newspapers fore*CAST* the weather *every day.*
(Algunos periódicos predican el estado atmosférico todos los días.)

(neg.) Some newspapers DO NOT fore*CAST* the weather *every day.*

(int.) DO some newspapers fore*CAST* the weather *every day?*

Pasado·

(af.)   The Weather Bureau fore*CAST* bad weather *yesterday.*
(La oficina meteorológica predijo mal tiempo ayer.)

(neg.) The Weather Bureau DID NOT fore*cast* bad weather *yesterday.*

(int.) DID the Weather Bureau fore*cast* bad weather. *yesterday?*

Antepresente

(aif.) The Radio Broadcastings *have* foreCAST showers and cloudy weather.
(Las radiodifusoras han predicho aguaceros y tiempo nublado.)

(neg.) The Radio Broadcastings *have* NOT foreCAST showers and cloudy weather.

(int.) *Have* the Radio Broadcastings foreCAST showers and cloudy weather?

LOS VERBOS REGULARES
MAS USUALES

Para complementar en forma cabal y exitosa este enfoque lingüístico para la asimilación efectiva del inglés, se da a continuación una lista de verbos esenciales en la más usual expresión cotidiana.

Como puede apreciarse, esta selección ha sido hecha tomando como base su orden alfabético en español, con traducción al inglés, a fin de facilitar la rápida localización de la acción que se desee expresar en esa lengua extranjera.

El objeto primordial de esta recopilación es que usted pueda expresar en inglés cada uno de los verbos esenciales en todas sus formas gramaticales básicas, con la ayuda, claro está, de los patrones de construcción aquí expuestos. Éstos servirán de modelo eficaz para formar cualquier tipo de oración en cualquier momento dado.

A

Abandonar, abandon
Abanicar, fan
Abarcar, comprehend
Abastecer, cater; supply; furnish; afford
Abatir, depress
Abdicar, abdicate
Ablandar, soften
Abofetear, slap
Abogar, plead
Abolir, abolish
Abordar, board
Aborrecer, detest; hate
Abotonar, button
Abrazar, embrace; hug
Abreviar, abbreviate
Abrigar, cherish
Abrigar, shelter
Abrir, open
Abrir (con llave), unlock
Abrochar, button
Abrocharse, fasten

Abrumar, overwhelm; bewilder
Absolver, absolve
Absorber, absorb
Abstenerse, abstain
Abstenerse de, refrain
Aburrir, bore
Abusar, abuse
Acalorar, excite
Acalorarse, chafe
Acanalar, corrugate
Acampar, camp
Acariciar, caress
Acariciar (moralmente), cherish
Acariciar mimar, pet
Aceitar, lubricate; oil
Acelerar, precipitate
Acentuar (palabras), accent
Acentuar, enfatizar, accentuate
Acepillar, plane
Aceptar, accept
Acercarse, approach
Acceder, accede
Aclamar, acclaim
Aclarar, clarify; clear

Aclimatar, acclimate
Acomodar, accommodate
Acompañar, accompany; escort
Aconsejar, advise; counsel
Acontecer, happen
Acordar, concert
Acortar, shorten
Acosar, harass
Acreditar, accredite
Activar, activate
Acumular, accumulate; store
Acuñar, coin
Acusar, accuse
Achacar, attribute
Adaptar, adapt
Adherir, adhere
Adivinar, guess
Adjudicar, adjudicate
Administrar, administer
Admirar, admire
Admitir, admit; concede
Adorar, adore; worship
Adornar, adorn; decorate; orna-
  ment
Adquirir, acquire
Aducir, adduce
Adular, flatter; cajole
Adulterar, adulterate
Advertir, warn; notice
Afamar, fame
Afear, desfigure
Afectar, affect
Afilar, sharpen
Afinar, tone; tune
Afirmar, affirm; assure
Afligir, afflict
Aflojar, loosen; unfasten;
  unloosen
Aforar, appraise
Afrontar, affront; face
Agarrar, grasp; grip; seize
Agitar, agitate
Agitar, stir
Agitarse (el mar), surge
Agolparse, crowd
Agotar, exhaust
Agradar, please
Agradecer, appreciate

Agradecer, thank
Agrandar, enlarge
Agraviar, wound
Agrietarse, crack
Agrupar, group
Aguardar, wait; expect
Agujerear, perforate
Ahogar, choke
Ahogar(se), drown
Ahondar, deepen
Ahorcar (colgando), hang
Ahorrar, save
Ahumar, fumigate
Airear, air
Ajustar, adjust
Alabar, praise
Alardear, bluff; boast
Alargar, lengthen
Alarmar, alarm
Albergar, shelter
Alcanzar, reach; attain
Alegrarse, cheer
Alegrarse, rejoice
Alentar, encourage; animate
Aletear, wing
Alfombrar, carpet
Aliar, ally
Alinear, line
Aliviar, ease
Almacenar, store
Almidonar, starch
Almorzar, lunch
Alojar, house; lodge
Alquilar, hire; rent
Alterar, alter
Alternar, alternate
Aludir, allude
Alumbrar, light
Alzar, raise; lift
Amalgamar, amalgamate
Amamantar, suckle; suck
Amanecer, dawn
Amansar, domesticate; tame
Amar, love
Amarrar, tie
Amenazar, menace
Amenazar, amagar, threaten
Aminorar, lessen

Amonestar, admonish
Amontonar, pile
Amortizar, redeem
Amotinarse, riot
Ampliar, ensanchar, widen
Amplificar, amplify
Amputar, amputate
Amueblar, furnish
Analizar, analyze
Anclar, anchor
Andar, walk; hike
Anexar, annex
Anhelar, long
Anhelar, yearn
Anidar, nest
Animar, animate; encourage
Aniquilar, annihilate
Antagonizar, antagonize
Anticipar, anticipate
Anudar, knot
Anular, abrogate
Anunciar, advertise
Anunciar, announce
Apadrinar, sponsor
Aparentar, pretend
Apedrear, lapidate; stone
Apelar, appeal
Apiñarse, crowd
Aplacar, appease
Aplanar, flatten
Aplastar, smash
Aplaudir, applaud; clap
Aplicar, apply
Apoyar, back
Apoyar, support; second
Apreciar, aforar, appraise
Apreciar, appreciate; esteem
Apremiar, urge
Aprender, learn
Apresurar, precipitate
Apresurar, urge
Apresurarse, hurry; hasten
Apresurarse, rush
Apretar, compress
Apretar, push; squeeze
Apretar, tighten
Aprobar, approve
Apropiarse, appropiate

Aprovechar, avail
Aproximarse, approach
Apuntar, aim
Apuntar, señalar, point
Apurarse, hurry; hasten
Aquietar, appease
Arar, furrow; plow; plough
Arar, plow; plough
Arbitrar, umpire
Archivar, file, record
Arder, kindle
Arengar, harangue
Argüir, argue
Argumentar, argue
Armar, arm
Armonizar, harmonize
Articular, articulate
Arraigarse, root
Arrancar (un carro), start
Arrasar, desolate
Arrasar, raze
Arrastrar, drag
Arrastrar, haul
Arrastrar, trail
Arrastrar, remolcar, tug
Arrastrarse, crawl
Arrebatar, snatch
Arreglar, arrange; fix
Arreglar las uñas, manicure
*Arreglar, componer, zurcir, re-
  mendar*, mend
Arreglar, componer (el pelo),
  trim
Arremolinarse, swirl
Arrendar, alquilar, lease; rent
Arrepentirse, arrepentirse de,
  repent
Arrestar, arrest
Arribar, arrive
Arriesgarse, dare; expose
Arriesgar(se), risk
Arrinconar, corner
Arrogarse, usurp
Arrojar, vomit
Arrugar, corrugate
Arrugarse, wrinkle
Arrullar, lull
Asaltar, assault

Asar, roast
Ascender, ascend
Asear, clean
Asediar, besiege
Asegurar, assure
Asegurarse, insure
Asentir, assent
Asesinar, assessinate; murder
Asesorar, counsel
Asfaltar, asphalt
Asfixiar, asphyxiate; choke
Asignar, assign
Asimilar, assimilate
Asistir, asistir a, attend
Asociar, adjoin
Asociar(se), associate
Asolar, devastate
Asombrar, amaze; astonish
Aspirar, aspire
Asumir, assume
Asustar, frighten; scare
Atacar, attack
Atar, attach, tie
Atar, lace
Atender, attend
Atender a, mind
Atenuar, dim
Aterrar, terrify
Aterrizar, land
Aterrorizar, terrify
Atesorar, hoard
Atestiguar, witness, attest
Atisbar, peep
Atornillar, screw
Atraer attract
Atrancar (puerta), bar
Atreverse, dare
Atribuir, attribute
Atrincherar, trench
Aturdir, confuse
Aumentar, encrease; aument
Autenticar, authenticate
Autorizar, authorize; authenticate
Avanzar, advance
Aventar, ventilar, despajar, winnow
Aventurar(se), venture

Averiar, damage
Avisar, advise
Avisar, advertir, warn
Ayudar, auxiliar, help; aid; assist
Ayunar, fast
Azotar, whip; lash
Azuzar, incite

— B —

Babear, drivel
Bailar, dance
Bajar, lower
Balancear, balance
Balar, bleat
Balbucear, stammer
Bañarse, bathe
Barajar, shuffle
Barnizar, varnish
Barrenar, bore
Barrenar, drill
Batir, clash; stir
Bautizar, baptize
Bendecir, bless
Beneficiar(se), benefit
Besar, kiss
Blandir, brandish
Blanquear, bleach; whiten
Blasfemar, blaspheme
Bloquear, blockade
Bolear, shine
Bombardear, bombard
Bombear, pump
Bordar, embroider
Borrar (con goma), erase   rub
Bostezar, yawn
Botar, echar al agua, launch
Boxear, box
Bramar, bellow, roar
Brillar suavemente, glow
Brincar, jump
Brindar por, brindar a la salud de, toast
Bromear, joke; jest; trifle
Brotar, gush; sprout
Bruñir, burnish
Bucear, dive

Bufar, snort
Buscar, search

— C —

Caber, contain
Cablegrafiar, cable
Cacarear, cackle; crow
Caerse, collapse
Calcar, calk
Calcular, calculate
Calentar, heat; warm
Calificar, qualify
Calmar, calm; soothe
Calumniar, slander
Callarse, hush
Cambiar, change
Cambiar, exchange
Cambiar, shift
Cambiar de casa, move
Caminar, walk; hike
Cancelar, cancel
Canjear, exchange
Cansar, tire
Cantar (el gallo), crow
Capitalizar, capitalize
Capitular, capitulate
Capturar, capture
Caracterizar, characterize
Carecer, lack; want
Cargar, *cobrar*, charge
Casar, wed
Casarse, *casarse con*, marry
Castigar, punish
Catalogar, catalogue
Catequizar, catechize
Causar, cause
Cauterizar, cauterize
Cautivar, captivate
Cazar, hunt; chase
Ceder, cede
Celebrar, celebrate
Censurar, censure
Centrar, centre
Cerner, sift
Certificar, certify
Cerrar, close
Cerrar (con llave), lock

Cesar, cease
Circular, circulate
Citar, cite; convene
Citar, quote
Civilizar, civilize
Clamar, exclaim
Clasificar, classify
Claudicar, limp
Clavar, nail
Coagularse, coagulate
Cobrar, *cargar*, charge
Cobrar (un cheque), collect; cash
Cocear, kick
Cocer, cook
Cocinar, cook
Codiciar, covet
Codiciar, envy
Coger, grasp
Coincidir, coincide
Cojear, limp
Colaborar, colaborate
Colectar, gather
Colocar, place; locate, settle
Colonizar, colonize
Colorar, color
Combatir, combat
Combinar, combine
Comentar, comment
Comenzar, commence
Comenzar, start
Comer (la comida principal). dine
Comerciar, trade; traffic
Compadecerse, pity; simpathize
Comparar, compare
Compartir, share
Compelir, compel
Compensar, compensate
Competir, compete
Complacer, please
Completar, complete
Complicar, complicate
Componer, compose
Componer, compound
Comprar, purchase
Comprender, comprehend

186

Comprender, comprise; conceive
Comprimir, compress; squeeze
Comprobar, prove
Comprobar, test
Comprometer, engage
Comprometerse, compromise
Computar, compute
Comunicar, communicate
Concebir, conceive
Conceder, grant; allow; concede
Concentrarse, concentrate
Concernir, concern
Concertar, concert
Concluir, conclude
Concretar, concrete
Condenar, condemn
Condenar, damn
Condensar, condense
Condescender, condescend
Condonar, condone
Conducir, conduct
Conectar, connect
Conferir, confer
Confesar, confess
Confiar, trust
Confirmar, confirm
Confiscar, confiscate
Conformarse, conform
Confortar, comfort; console
Confrontar, check
Confrontar, confront
Confundir, confuse; confound; puzzle
Congregar, congregate
Conjeturar, conjecture
Conjugar, conjugate
Conmemorar, commemorate
Conmoverse, thrill
Conquistar, conquer
Consagrar, consecrate
Consentir, consent
Conservar, conserve
Considerar, consider
Consistir, consist
Consolar console
Consolidar, consolidate

Conspirar, conspire; plot
Constituir, constitute
Constreñir, constrain
Construir, construc
Consultar, consult
Consumar, consummate
Contagiar, infect
Contaminar, contaminate
Contar, count
Contemplar, contemplate
Contemplar, gaze
Contemporizar, temporize
Contener, comprise
Contener, contain
Contener, content
Contentar, please
Contestar, answer; reply
Continuar, continue
Contrabandear, smuggle
Contradecir, contradict
Contraer, contract
Contrariar, counteract
Contrarrestar, counteract
Contravenir, contravene
Contribuir, contribute
Controlar, control
Convalecerse, convalesce
Convencer, convince
Converger, converge
Conversar, converse
Convertir, convert
Convocar, convoke; convene
Cooperar, cooperate
Coordinar, coordinate
Copiar, copy
Coquetear, flirt
Coronar, crown
Cortar (en rebanadas), slice
Cortejar, court; escort; woo
Corregir, correct
Correr (un río), flow
Corresponder, corresponde
Corroborar, corroborate; confirm
Corromper, corrupt; deprave
Cosechar, crop; harvest; reap
Cotizar, quote
Crear, create

Crecer, sprout
Creer, believe; guess
Criar, raise
Cristalizar, crystalize
Criticar, criticize
Crujir; crackle; creak
Crucificar, crusify
Cruzar, cross
Cruzar (por mar), cruise
Cuadriplicar, quadruplicate
Cuartearse, crack
Cubrir, cover
Cuidar, mind
Culminar, culminate
Cultivar, cultivate; raise
Cumplimentar, compliment
Cumplir, fullfill
Cumplir con, comply
Curar, sanar, cure; remedy

— CH —

Chantajear, blackmail
Chapotear, splash
Charlar, platicar, chat
Chiflar, whistle
Chillar, creak; scream; shriek
Chismear, gossip
Chispear, sparkle
Chocar, shock, clash, collide
Chorrear, drip
Chulear, quiz
Chupar, sip; suck

— D —

Damnificar, damnify
Dañar, damage; harm; spoil
Dar, hand
Dar a, overlook
Dar asco, sicken
Dar forma, shape
Dar fuerza, enforce
Dar la bienvenida, welcome
Dar las gracias, thank
Dar propina, tip; fee
Dar sombra, shade
Dar un grito, utter

Dar un tirón, jerk
Dar una tunda, whale
Dar vuelta, turn
Darse cuenta, darse cuenta de
   realize
Debastar, debastate
Debatir, debate
Deber, must; ought
Deber, owe
Debilitar, weaken
Debilitar(se), debilitate;
   weaken
Decaer, decay
Decapitar, behead
Decepcionar, disappoint
Decidir, decide
Decir, uter
Declamar, declaim
Declarar, declare; testify;
   witness
Declarar, exponer, state,
Declinar, decline
Decolorarse, fade
Decorar, decorate
Decrecer, decrease
Decretar, decree
Dedicar(se), devote
Deducir, deduce
Defecar, defecate
Defender, defend
Definir, define
Deformar, deform
Defraudar, cheat; defraude,
   dissapoint
Degenerar, degenerate
Deglutir, swallow
Degradar, degrade
Dejar caer, drop
Dejar, quit
Delatar, denounce
Delatar, dilate
Delegar, delegate
Deletrear, spell
Delinear, delineate, outline
Delinear, outline
Delinear, trazar, trace
Delirar, rave
Demandar, demand

Demoler, demolish
Demorarse, delay
Demostrar, demonstrate; prove
Denegar, deny
Denigrar, denigrate
Denominar, denominate
Denotar, denote
Denunciar, denounce
Depender, depend
Deplorar, deplore; moan
Deponer, depose
Deportar, deport
Depositar, deposit
Depravarse, deprave
Depreciar(se), depreciate
Deprimir, depress
Depurar, depurate
Derivar, derive
Derogar, derogate; revoke
Derramar, spill
Derrapar, skid
Derretir, melt; smelt
Derrochar, waste
Derrotar, defeat
Derrumbarse, crumble
Desabotonar, unbutton
Desabrochar, unbotton;
  unfasten
Desacatar, disrespect
Desacreditar, discredit
Desafiar, challenge; defy
Desairar, slight
Desalojar, dislodge
Desalojar, remover, displace
Desanimarse, discourage
Desanudar, untie
Desaparecer, disappear
Desaprobar, disapprove
Desarmar, disarm
Desarreglar, disarrange
Desarrollar, develop
Desarrugar, unwrinkle
Desatar, loose; untie
Desatar, unfasten; unloose;
  untie; unloosen
Desatender, neglect
Desatornillar, unscrew
Desbocarse, bolt

Desbordarse, overflow
Descalificar, desqualify
Descansar, rest; relax
Descargar, unload
Descargar, discharge
Descargar, unload; unburden
Descartar, discard
Descarrilar, derail
Descascarar, peel; shell
Descender, descend
Descifrar, decipher
Descomponer, disarrange
Descomponerse, decompose
Desconcertar, disconcert;
  embarass
Desconectar, disconnect
Desconfiar, distrust
Descontar, discount
Descontinuar, discontinue
Describir, describe; depict
Descubrir, discover; uncover
Descubrir, uncover
Descubrir, publicar, utter
Descubrirse para saludar, cap
Descuidar, neglect
Desdeñar, disdain
Desdoblar, unfold
Desear, wish; desire; want
Desear, saber, wonder
Desear vivamente, yearn
Desecar, desicate
Desenvainar, unsheathe
Desembarcar, disembark; land
Desempacar, unpack
Desempolvar, dust
Desencadenar, unchain
Desencuadernar, unloose
Desengañar, undeceive
Desengañarse, undeceive
  oneself
Desenganchar, unhook;
  unfasten
Desenyugar, unyoke
Desenmascarar, unmask
Desensillar, unsaddle
Desenterrar, exhume; unbury
Desenvolver, unfold; unwrap
Desequilibrar, unbalance

189

Desertar, desert
Desesperarse, despair
Desfigurar, disfigure
Desfilar, parade
Desgranar, husk
Deshacer una formación, dismiss
Desheredar, disinherit
Deshidratarse, dehydrate
Deshollejar, husk
Deshonrar, dishonor
Deshonrar (a una mujer), violate
Designar, designate; nominate
Desilusionarse, disillusion
Desinfectar, disinfect
Desistir, desist
Desligar, untie
Deslindar terrenos, survey
Deslizar, skid
Deslizarse, skim; slip
Deslumbrar, dazzle
Deslustrar, tarnish
Desmantelar, dismantle
Desmayarse, faint
Desmembrar, dismember
Desmenuzar, chip; crumble
Desmontarse, dismount
Desmoralizarse, demoralize
Desnudar(se), undress
Desobedecer, disobey
Desolar, desolate
Desorganizar, disorganize
Despachar, dispatch; forward
Despajar, winnow
Despechar, destetar, wean
Despegar, detach
Desperdiciar, waste
Despertar(se), wake; waken; awake; awaken
Desplegar, display; unfold
Desplomarse, collapse
Despoblar, depopulate
Despojar, deprive; despoil
Despolvorear, sprinkle
Despreciar, despise
Destacar, feature
Destapar, uncap

Destapar, desarropar, uncover
Desterrar, deport; banish
Destilar, distil
Destinar, destine
Destituir, fire; destitute; depose
Destorcer, untwist
Destrancar, unbar
Destrozar, destroy
Desunir, disunite
Desvariar, rave
Desvendar, undress
Desvestir(se), undress
Desviar, divert; shift
Detallar, detail
Detener, detain, stop
Detenerse, pararse, stop
Detenerse, quedarse, stay
Deteriorar(se), damage; decay deteriorate
Determinar, determine
Detestar, detest
Devaluar, devaluate
Devorar, devour
Diagnosticar, diagnose
Dibujar, sketch
Dictar, dictate
Dictar conferencias, lecture
Diezmar, decimate
Difamar, defame
Diferir, defer; differ
Diferir, diferenciar, differ
Difundir, diffuse
Dignarse, deign
Dilapidar, dilapidate; waste
Dilatarse, delay
Dirigir la palabra, address
Dirigir, direct
Dirigir, manage; direct
Dirigir mal, misdirect
Discrepar, diferir, disagree
Disculparse, apologize; excuse oneself
Discutir, discuss; debate
Disecar, dissect; stuff
Diseminar, disseminate
Diseñar, design; sketch
Disertar, lecture

Disfrazarse, disguise
Disfrutar, enjoy
Disgustar, dislike; disgust;
   shock
Disimular, dissimulate; wink
Disipar, dissipate
Dislocarse, dislocate
Disminuir, diminish
Disolver, disolve
Disolver, licenciar, dismiss
Disparar, discharge; fire
Dispensar, dispense
Dispensar, excuse
Dispersar, disperse
Disponer, dispose
Disputar, dispute
Distinguir, distinguish
Distribuir, distribute
Disuadir, disuade
Divagar, digress
Divertir, entertain
Dividir, divide
Divisar, discry
Divorciarse, divorciarse de,
   divorce
Doblar, duplicar, double
Doblar, fold
Documentarse, document
Domar, tame
Domesticar, domesticate
Dominar, dominate
Donar, bestow; donate
Dosificar, dose
Dotar, endow
Dramatizar, dramatize
Drenar, drain
Dudar, doubt
Dulcificar, sweeten
Duplicar, duplicate
Durar, last

— E —

Eclipsar, eclipse
Economizar, economize
Echar al agua, launch
Echar bravatas, bully
Echar clavados, dive

Echar la culpa a, blame
Echar de menos, miss
Echar raíces, root
Echar un vistazo, glance
Editar, edit
Educar, educate
Efectuar, effect
Ejecutar, execute
Ejercer, ejercitar, exercise
Elaborar, elaborate
Electrificar, electrify
Electrocutar, electrocute
Elegir, elect
Elevar, elevate
Eliminar, eliminate
Eludir, elude
Emanar, emanate
Emancipar, emancipate
Embarcar, embark
Embarcar, enviar, ship
Embargar, embargo
Embarrar, plast
embarrar, smear
Embelesar, enchant
Embellecer, beautify
Emblanquecer, whiten
Embotar, blunt, enervate
Embotellar, bottle
Embravecerse (el mar), surge
Embrujar, bewitch
Embrutecerse, imbrute
Embutir, stuff
Emigrar, emigrate
Emitir, emit
Emocionarse, thrill
Empacar, pack
Empañar(se), tarnish
Empapar, drench; saturate
Emparejar, equal; equalize
Empedrar, pave
Empeñar, pawn
Empeorar, impair
Empeorarse, worsen
Empezar, start
Emplear, employ; occupy
Empobrecer, impoverish
Empolvarse, powder
Empotrar, embed

Empujar, rush; push
Empuñar, grip
Emular, emulate
Enaltecer, extol
Enamorar, woo
Encadenar, chain
Enarbolar, hoist
Encallar, strand
Encantar, charm; delight;
  enchant
Encapricharse, conceit
Encararse con, face
Encarcelar, jail
Encargar, entrust
Encementar, cement
Encender, light
Encerar, wax
Encolerizarse, enrage
Encomendar, commend
Encomiar, praise
Encontrar, encounter
Encubrir, conceal
Encumbrarse, soar
Encurtir, pickle
Enderezar, straighten
Endiosar, deify
Endosar, endorse; indorse
Endulzar, sweeten
Endurecer, harden; hinder
Enervar, enervate
Enfadar, vex
Enfatizar, emphasize; stress
Enfermarse, sicken
Enfrentarse a, face
Enfurecerse, madden; infurate;
  rage
Enganchar, hook
Engañar, cheat; deceive; fool;
  trick
Engañarse, fool oneself; deceive
  oneself
Engendrar, engender; procreate
Engomar, gum
Engordar, fatten
Engrapar, staple
Engrasar, grease; oil
Engreírse, conceit
Enguantar, glove

Engusanarse, spoil
Enhebrar, thread
Enjaular, cage; encage
Enjabonar, soap
Enjuagar, rinse
Enjugar, wipe
Enladrillar, pave
Enlatar, can
Enlazar, enlace; lace
Enlistar, enrolar, enlist; list;
  enroll
Enlodar, splash
Enloquecerse, madden
Enmascarar, mask
Ennegrecer, blacken, darken
Ennoblecer, ennoble
Enredar, entangle
Enredarse, embrollarse, tangle
Enriquecerse, enrich
Enrollar, wrap
Ensalzar, extol
Ensanchar, enlarge; widen
Ensartar, thread
Ensayar, rehearse
Ensillar, saddle
Ensordecer, deafen
Ensuciar, dirty; soil
Enterrar, bury
Entintar, ink
Entonar(se), intonate
Entonar, tone; tune
Entrenar, train; coach
Entrar, entrar a, enter
Entreabrir, half open
Entregar, deliver; hand
Entregarse, rendirse, surrender
Entrelazar, interlace
Entrelinear, interline
Entremeterse, intromit; intrude
Entretener, entertain
Entrevistar, interview
Entristecerse, sadden
Ennumerar, enumerate
Enunciar, enunciate
Envasar, enlatar, can; tin
Envenenar, poison
Envenenarse, emborracharse,
  intoxicate

192

Enviar, dispatch; forward
Envidiar, envy
Envolver, envelop
Envolver, wrap
Enyesar, plast
Enyugar, yoke
Equipar, equip
Erigir, erect
Eructar, belch, eruct
Erradicar, eradicate
Esbozar, sketch
Escalar, scale
Escaldar, scald
Escandalizar, scandalize
Escapar, escape
Escapar de, slip
Escarnecer, gibe
Escatimar, scant; stint
Esclavizar, enslave; slave
Esconder, conceal
Escribir en máquina, type; typewrite
Escribir con mayúscula, capitalize
Escrutar, poll
Escuchar, listen
Escudar, shield
Esculpir, carve; engrave sculpture
Escurrir drip
Esgrimir, wield
Esmaltar, enamel
Espaciar, space
Espantar, frighten; scare
Esparcir, scatter; sprinkle
Especializarse, specialize
Especificar, specify
Especular, speculate
Esperar, wait
Esperar (con más o menos seguridad), expect
Esperar (tener esperanzas), hope
Espinar, prick
Espiar, spy; watch
Espolear, spur
Esquiar, skii
Establecer, establish; settle

Estacionarse, park
Estafar, swindle; trick
Estallar, explode
Estampar, stamp
Estancarse, estacionarse, stagnate
Estañar, tin
Estatuir, chapter
Estereotipar, stereotype
Esterilizar, sterilize
Estigmatizar, stigmatize
Estimar, cherish; esteem
Estimar, calcular, estimate
Estimular, stimulate
Estipular, stipulate; specify
Estirar, lenghten
Estirar(se), stretch
Estorbar, hamper
Estornudar, sneeze
Estrangular, strangle
Estrechar, angostar, tighten
Entregar, scour; scroub; rub
Estrellarse, crash
Estremecerse, quake
Estreñir, constipate
Estropear, echar a perder, spoil
Estudiar, study
Evacuar, evacuate
Evadir, elude; evade
Evaporarse, evaporate
Evidenciar, evidence
Evitar, avoid; prevent
Evocar, evoke
Exagerar, exaggerate
Exaltar, exalt
Examinar, examine; survey
Examinar a un discípulo, quiz
Exasperar, exasperate
Excavar, excavate
Exceder, exceed
Exceptuar, except
Excitar, excite
Exclamar, exclaim
Excluir, exclude
Excomulgar, excomunicate
Excusar, excuse
Exhalar, exhale

Exhibir, exhibit
Exhortar, exhort
Exhumar, exhume; unbury
Exigir, demand
Eximir, exempt
Existir, exist
Expectorar, expectorate
Expedir, expedite
Expeler, expel
Experimentar, experience
Experimentar, experiment
Expiar, expiate
Expirar, expire
Explicar, explain
Explorar, explore
Explotar, explode
Explotar (sacar utilidad), exploit
Exponer, display
Exponer, expose
Exponer, state
Exportar, export
Expresar, express; state
Exprimir, squeeze
Expropiar, expropiate
Extender, extend
Extender, stretch
Extender, unfold
Exterminar, exterminate
Extinguirse, extinguish
Extirpar, extirpate
Extraer, extract

— F —

Fabricar, manufacture; fabricate
Facilitar, expedite; facilitate
Facturar, invoice
Falsificar, counterfeit; falsify
Faltar, lack
Faltar al respeto, disrespect
Fallar, fail
Fallecer, decease
Fanfarronear, brag; boast
Fantasear, fancy
Fascinar, fascinate; bewitch

Fastidiar, annoy; bother; tease
Fatigarse, fatigue; tire
Favorecer, favor
Fecundar, fecund
Fechar, date
Felicitar, congratulate
Fermentar, ferment
Fertilizar, fertilize
Figurarse, figure
Fijar, fix
Filtrar, filter
Fingir, simulate
Firmar, sign
Flagelar, whip
Flamear, wave
Flanquear, flank
Florecer, bloom; flourish
Flotar, float
Fluctuar, fluctuate
Foliar, folio
Fomentar, foment; foster
Forjar, forge
Formar, form
Formar, dar forma, shape
Formular, formulate
Fortalecer, strenghten
Fortificar, fortify
Forzar, force
Forzar la vista, strain
Fotografiar, photograph
Fracasar, fail
Fracturar(se), fracture
Franquear, frank
Frecuentar, frequent
Fregar, estregar, scour; scrub
Freir, fry
Frotar, rub; wipe
Fruncir el ceño, frown; scowl; wrinkle
Frustrar, disappoint; frustrate
Fumar, smoke
Fumigar, fumigate
Funcionar, function
Fundar, found
Fundir, melt; smelt
Fundirse, fuse
Fustiga, fustigate; whip

194

– G –

Galantear, compliment; court; woo
Galopar, gallop
Galvanizar, galvanize
Ganar, gain
Ganar (dinero), earn
Garantizar, guarantee
Gemir, wail
Generalizar, generalize
Germinar, germinate
Girar, revolve
Glorificar, glorify
Gobernar, govern; rule; rein
Golpear, clash; knock
Gorjear, trill; warble
Gotear, leak; drip
Gozar, enjoy
Grabar, engrave; grave
Grabar (en cinta o disco), record
Graduar, ordenar, grade
Graduarse, graduate
Granizar, hail
Granular, granulate
Gratificar, gratify
Gravar, burden
Gravitar, gravitate
Graznar, croak
Gritar, cry; shout
Gritar, chillar, scream
Gruñir, groan; growl; grunt
Guardar, ward
Guardar silencio, hush
Guarnecer, harness; garrison
Guerrear, war
Guiar, guide
Guiñar, blink; wink
Gustar, querer, like
Gustar (al paladar), taste

– H –

Habérselas con, face
Habitar, inhabit
Hablar entre dientes, mutter
Hacer caso de, mind
Hacer cosquillas, tickle
Hacer efectivo un cheque, letra, etc., cash
Hacer erupción, erupt
Hacer falta, miss
Hacer fuerza, strain
Hacer germinar, sprout
Hacer juego con, match
Hacer malla, knit
Hacer pedazos, smash
Hacer señar, hacer señales, wave
Hacer zanjas, trench
Hacerse de la vista gorda, wink
Haraganear, idle; loaf
Hartarse, glut; stuff
Heredar, inherit
Herir, wound
Herir con arma blanca, stab
Hervir, boil
Hipnotizar, hypnotize
Hipotecar, mortgage
Honrar, honor
Hormiguear, swarm
Hornear, bake
Horrorizarse, horrify
Hospedar, lodge
Hospedarse, stay
Hostigar, vex
Humanizar, humanize
Humedecer, damp; dampen; moisten
Humillar(se), humble
Hundirse, immerge
Hurgar, stir
Husmear, sniff

– I –

Idealizar, idealize
Idear, inventar, ingeniar, contrive
Identificar, identify
Idolatrar, idolize
Ignorar, ignore
Igualar, equalize
Iluminar, illuminate; light; lighten

195

Ilustrar, illustrate
Imaginarse, imagine
Imanar, magnetize
Imitar, imitate; mimic
Impartir, impart
Impedir, impede; hinder;
  prevent
Impeler, impel
Implicar, imply
Implorar, implore; plead
Imponer, impose
Imponer pena o castigo,
  penalize
Importar, import
Importar, concern
Importarle a uno, care
Importunar, importune
Imposibilitar, disable
Impregnar, impregnate
Impresionar, impress
Imprimir, imprint; print
Imprimir con errores, misprint
Improvisar, improvize
Inaugurar, inaugurate
Incendiar, fire
Incinerar, incinerate
Incitar, incite; tempt
Inclinarse, incline; lean; sway
Incluir, include, embody
Incluir, acompañar, remitir,
  enclose
Incomodarse, incomode
Incorporarse, incorporate
Incriminar, incriminate
Incubar, incubate, hatch
Inculcar, inculcate
Indemnizar, indemnify
Indicar, indicate
Inducir, induce
Industrializar, industrialize
Infatuar, infatuate
Infectar, infect
Inferir, infer
Infestar, infest
Infiltrarse, infiltrate
Inflamar, hinchar, inflate
Inflamarse, inflame
Infligir, inflict

Influir, influence
Informar, inform; report;
  advise
Infrigir. infringe; violate;
  transgress
Infundir, infuse
Inhabilitar, disable
Inhalar, inhale
Inhumar, bury
Iniciar, initiate
Injertar, graft, engraft
Injuriar, outrage
Inmigrar, immigrate
Inmovilizar, immobilize
Inmunizar, inmunize
Innovar, innovate
Inocular, inoculate
Inquietar, disquiet
Inquirir, inquire
Inscribir, inscribe; register
Insertar, insert
Insinuar, insinuate
Insistir, insist
Inspeccionar, inspect; survey
Inspirar(se), inspire
Instalar, install
Instigar, instigate
Instituir, institute
Instruir, entrenar, instruct
Insuflar, insufflate
Integrar, integrate
Intentar, intend; endeavor; tru
Intensificar, intensify
Interceder, intercede
Interesar(se), interest
Interferir, inmiscuirse, interfere
Internar, intern
Interponer, interpose
Intepretar, interpret
Intervenir, intervene
Interrogar, question;
  interrogate
Interrumpir, disturb; interrupt
Intimidar, intimidate
Intitular, entitle
Intoxicarse, emborracharse,
  intoxicate
Intranquilizar, disquiet

Intrigar, intrigue
Introducir, presentar, introduce
Inundar, flood; inundate
Invadir, invade
Inventar, invent
Invertir, volver al revés, invert
Invertir (dinero), invest
Investigar, investigate; search; research
Invitar, invite
Invocar, invoke
Inyectar, inject
Irse, depart
Irradiar, radiate; eradiate
Irrigar, irrigate
Irritar, vex; irritate
Izar, hoist

— J —

Jactarse, brag
Jadear, pant
Jalar, pull
Jubilarse, retire
Jugar, play
Jugar (dinero), gamble
Juntar, unir, joint; adjoint; gather; unite, assemble
Justificar, justify
Juzgar, judge
Juzgar mal, misjudge

— L —

Labrar, carve
Lactar, lactate
Ladrar, bark
Lamentar(se), lament; complain; mourn; moan; regret
Lamer, lick
Lanzar, flip
Lanzar, launch
Lapidar, lapidate
Lastimar, wound
Latir, palpitate
Lavar, wash
Laxar, loose

Lazar, lasso
Legalizar, legalize
Legislar, legislate
Lesionar, wound
Levantar, lift; raise
Liar, tie
Libar, sip; suck
Libertar, free; liberate; emancipate
Librar, liberate
Licenciar, dismiss
Licuar, liquefy
Lijar, sandpaper
Limar, lime
Limitar, limit
Limpiar, clean
Limpiar frotando, wipe
Linchar, lynch
Liquidar, liquidate
Litigar, litigate
Litografiar, litograph
Lograr, attain
Lubricar, lubricate
Luchar, struggle
Luchar, luchar con, forcejear, wrestle
Lustrar, polish; shine

— LL —

Llagar, wound
Llamar, call; recall
Llegar, arribar, arrive
Llegar, llegar a, reach
Llenar, fill
Llevar cargando, carry
Llevar, transportar, convey
Llorar, cry
Llover, rain
Lloviznar, drizzle

— M —

Machacar, crush; pound
Madurar, ripen
Magnetizar, magnetize
Maldecir, curse; damn
Malgastar, waste

197

Maltratar, ill-treat; outrage
Manar, flow
Manchar stain
Mandar, command
Manejar, handle
Manejar, dirigir, administrar,
    manage
Manifestar, manifest
Maniobrar, maneuvre
Manipular, manipulate
Manotear, smack
Mantener, maintain; sustain
Manufacturar, manufacture
Marcar, brand; check; label;
    mark
Marcar, señalar, mark
Marcar (en deportes), score
Marchar, march
Marcharse, depart
Marchitarse, fade
Martillar, hammer
Masajear, massage
Mascar, masticate
Masticar, masticate
Masticar, rumiar, chew
Matar, kill
Matar de hambre, starve
Matricular, enlist; matriculate
Maullar, miar; mew
Mecerse, rock
Medir, measure
Meditar, meditate
Mejorar, better
Mencionar, mention
Mendigar, beg
Menear stir
Menguar, dwindle
Menospreciar, despise
Merecer, deserve
Mezclar, mix
Militar, militate
Mirar, mirarse, look
Mirar con ira o ceño, glower;
    scowl
Mirar fijamente, stare
Mitigar, mitigate, temper; ease
Modelar, moldear, model
Moderarse, moderate; temper

Modernizar, modernize
Modificar, modify
Mofarse, mock
Moler, grind
Molestar, bother, annoy;
    tease; vex
Molestarse, trouble oneself
Mondar, pelar, shell
Monopolizar, monopolize
Morir, die; decease
Morir de hambre, starve
Mostrar, display
Mortificar, mortify
Mover(se), move
Movilizar, mobilize
Mudar las plumas las aves,
    moult
multar, fine
Multiplicar(se), multiply
Murmurar, murmur
Murmurar, gossip
Murmurar, cuchichear, whisper
Murmurar (un arroyo), warble

— N —

Nacionalizar(se), nationalize
Narrar, narrate
Naturalizarse, naturalize
Naufragar, wreck
Navegar, sail; navegate; voyage
Necesitar, need; necessitate;
    lack; require; want
Negar, deny
Negociar, negotiate
Negociar, trade; traffic;
    transact
Neutralizar, neutralize
Nombrad, name; nominate;
    appoint
No quedar bien (prendas de
    vestir), misfit
Normalizar, normalize;
    standardize
Notar, note
Notar, advertir, mirar, notice
Notificar, notify

Numerar, number
Nutrir, nourish

— O —

Obedecer, obey
Objetar, oponerse, object
Obligar, oblige
Oscurecer, blacken; darken; dim
Observar, observe; watch
Obstruir, obstruct
Obtener, obtain
Ocupar, occuppy
Ocurrir, occur
Ofender, offend; harm; wound
Oficiar, officiate
Ofrecer, offer
Omitir, omit
Ondear, undulate; wave
Ondular, undulate
Ondular el cabello, wave
Operar, operate
Oponer, oppose
Oprimir, oppress
Orar, pray
Ordenar, order; command
Ordeñar, milk
Organizar, organize
Originar, originate
Oscilar, oscillate
Otorgar, grant
Oxidar, oxidize
Oxigenar, oxygenate

— P —

Pacer, graze
Pacificar, pacify
Padecer, suffer
Palidecer, fade
Palidecer, perder el color, pale
palpar, touch
Palpitar, palpitate
Paralizar(se), paralize
Pararse, detenerse, stop
Parecer, seem

Parpadear, twinkle; wink; blink
Participar, participate
Partir, part; start
Pasar, pass; elapse
Pasar por alto, overpass
Pasearse, stroll
Pasmar, astonish
astar, graze, pasture
Pasteurizar, pasteurize
Pastorear, pasture
Patear, kick
Patentar, patent
Patinar, skate
Patinar (una rueda), skid
Patrocinar, patronize
Patrullar, patrol
Pavimentar, pave
Pecar, sin
Pedir, ask; request
Pedir prestado, borrow
Pedir, ordenar, order
Pegar, knock
Pegar con cola, glue
Peinar, comb
Peinarse, comb one's hair
Pelar, desplumar, pluck
Pelar(se), peel; shell
Pelear, quarrel; combat
Pellizcar pinch
Penetrar, penetrate
Pensionar, pension
Percibir, perceive
Perder, miss
Perdonar, condonar, condone
Perdonar, pardon
Perecer, perish
Perfeccionar, perfect
Perforar, perforate
Perfumar(se), perfume
Perifonear, broadcast
Perjudicar. harm; impaii
Permanecer, remain; stay
Permitir, permit; allow
Permutar, barter; interchange
Perpetrar, perpetrate
Perpetuar, perpetuate

Perseguir, persecute; chase; persue

Perseverar, persevere

Persistir persist

Personificar, personalize

Persuadir, persuade

Pertenecer, belong

Perturbar, disturb

Pervertir, pervert

Pesar, weigh

Petrificar(se), petrify

Picar, itch

Picar con espuelas, spur

Picotear, picar, peck

Pintar, paint

Pintar, describir, imaginarse, picture

Pisar, step

Pitar, whistle

Plagiar, plagiarize

Planchar, press; iron

Planear, pensar, plan

Plantar, plant

Platicar, talk; chat

Poblar, populate

Podar, prune

Poner en libertad, release

Poner en peligro, imperil

Poner en vigor, enforce

Poner la dirección, address

Poner la rayita a la t, cross the t

Poner punto a la i, dot the i

Popularizar, popularize

Portarse, behave

Portarse mal, misbehave

Poseer, possess; own

Posponer, postpone

Postrarse, prosternarse, prostrate

Postular, postulate

Practicar, practice; exercise

Preceder, precede

Precipitarse, rush; precipitate

Predecir, pronosticate; predict

Predicar, preach

Predicar, proclamar, predicate; sermonize

Preferir, prefer

Preguntar, ask; question

Preguntarse, desear saber, wonder

Premeditar, premeditate

Premiar, reward

Prensar, exprimir, press

Preocuparse, worry

Preparar, prepare

Prescribir, prescribe

Presentar, present; introduce

Presenciar, witness

Presentar, exhibir, exhibit; display

Presentar, someter, subject; submit

Preservar, preserve

Presidir, preside

Presionar, presure

Prestar, loan

Presumir, aparentar, pretender, pretend

Presumir, suponer, presume

Presuponer, presuppose

Pretender, aparentar, pretend

Prevalecer, prevail

Prevenir, evitar, impedir, prevent

Prevenir, warn

Principiar, start

Probar, comprobar, demostrar, prove

Probar, intentar, try

Proceder, proceed

Proclamar, proclaim

Procrear, procreate; engender

Procurar, procure

Producir, produce; yield; generate

Profanar, profane

Profesar, profess

Profetizar, prophesy

Progresar, progress; improve

Prohibir, prohibit

Prolongar, prolong

Prometer, promise

Promover, fomentar, promote

Promulgar, promulgate; issue

Pronosticar, prognosticate
Pronunciar, pronounce
Propagar, propagate
Propender, tend
Propiciar, propitiate
Proponer(se), propose; aim
Proporcionar, furnish; provide; supply
Proscribir, proscribe
Proseguir, proceed; prosecute
Proseguir, pursue
Prosperar, prosper; flourish
Prostituir, prostitute
Proteger, protect
Protestar, declarar, protest
Proveer, provide; cater; supply; store
Provocar, provoke
Proyectar, trazar, project
Publicar, publish; issue
Pudrirse, rot; decompose
Pulir, shine; burnish
Pulverizar, pulverize
Puntear, perforar, puncture
Punzar, picar, pinchar, espinar, prick
Purgar, purge
Purgar, expiar, expiate
Purificar, purify

— Q —

Quebrar, crash; smash
Quebrantar, transgress
Quedarse, remain; stay
Quedarle a uno (una prenda de vestir), fit
Quejarse, complain
Quejarse, regret; lament
Quemar, burn; flame; scald; tan
Querer, desear, want; wish
Querer (de simpatía), like
Quitar, remove

— R —

Rabiar, rage

Racionar, ration
Radiar, broadcast
Radicarse, radicate
Raer, scratch; scrape
Rajar, cortar, slice
Rajarse, crack
Rallar, grate
Ramificarse, sprout
Rasar, skim
Rascar, scrape
Rasgar, rip
Rasguñar, scratch
Raspar, scratch
Rastrear, trail
Rastrillar, rake
Ratificar, ratify
Rayar, trazar, line
Razonar, reason
Reaccionar, react
Realizar, accomplish; realize
Realzar, enhance
Reanudar, resume
Reaparecer, reappear
Rebajar, underrate
Rebasar, overpass
Rebelarse, rebel; revolt
Rebotar, rebound
Rebuznar bray
Recalcar, accentuate; emphasize
Recalentar, rehat
Recargarse, lean
Recaudar, gather
Recibir, receive
Recibir, dar la bienvenida, welcome
Reclinarse, recline, lean
Reciprocar, recite
Recitar, recite
Reclamar, reclaim; claim
Reclutar, recruit
Recobrar, recover
Recoger, levantar, pick
Recoger, gather
Recomendar, recommend; commend
Recompensar, reward; recompense

Reconciliar, reconcile
Reconocer, recognize; acknowledge
Reconquistar, reconquer
Reconsiderar, reconsider
Reconstruir, reconstruct
Recopilar, digest
Recordar, remember; remind; recall
Recostarse; recline; lean
Recrear(se), recreate
Rectificar, rectify
Recuperar, recobrar la salud, reponerse, recuperate; recover
Rechazar, rehusar, refuse, reject
Redactar, redact
Redimir, amortizar, redeem
Reditar, yield
Redoblar, redouble
Reducir, reduce
Redundar, redounde
Reelegir, reelect
Reembolsar, reimburse
Reemplazar, replace
Reestablecer, reestablish
Referir, refer
Refinar, refine
Reflejar, reflect
Reflexionar, reflect
Reformar(se), reform
Reforzar, reenforce; reinforce
Refrenarse, refrain
Refrendar, authorize; vise
Refrescar, refresh; cool
Refrigerar, refrigerate
Refunfuñar, mutter
Refutar, refute
Regañar, scold
Regar, esparcir sprinkle
Regar, irrigate; water
Regatear, bargain; haggle
Regenerar, regenerate
Registrar, grabar, archivar, record
Regocijarse, rejoice
Regresar, return
Regularizar, regulate

Rehusar, refuse; decline
Reimprimir, reprint
Reinar, reigh
Reingresar, reenter
Reintegrar, reembolsar, reimburse
Reintegrar, reintegrate
Reir, laugh
Reir entre dientes, chuckle; titter
Reiterar, reiterate
Rejuvenecer, rejuvenate
Relampaguear, lighten; flash
Relatar, narrate; relate
Relegar, relegate
Relevar, release
Relinchar, neigh
Relucir, glow; glitter; shine
Rellenar, stuff; refill
Remachar, rivet
Remar, row; paddle
Remedar, mimic
Remediar, remedy; relieve
Remendar, darn; mend
Remitir, remit; enclose; forward
Remolcar, tow; trail; tug
Remontarse, soar.
Remover, remove
Remunerar, remunerate
Rendirse, surrender
Renovar, renovate; renew
Renquear, limp
Renunciar, resign; renounce
Reñir, quarrel
Reorganizar, reorganize
Reparar, repair
Repartir, share
Repasar, review
Repatriar, repatriate
Repeler, repel
Repercutir, resound; rebound; sound
Repetir, repeat
Reponer, replace
Reponerse, recover
Reposar, repose
Reprender, scold

Representar, represent; perform
Representar, simbolizar, typify
Reprimir, repress, restrain
Reprobar un examen, flunk
Reprochar, reproach
Reproducir, reproduce
Repulsar, repulse
Requerir, require
Rescatar, rescue
Rescatar, redimir, ransom
Resentirse, resent
Reservar, reserve
Residir, reside
Resignarse, resign; oneself; resign
Resistir, resist
Resolver, solucionar, solve
Resolverse, tomar un acuerdo, resolve
Resonar, resound; resonate
Resoplar, bufar, snort
Respaldar, back
Respetar, respect
Respirar, breathe; respire
Resplandecer, relucir, relumbrar, glare; glitter; sparkle
Responder, reply; answer; respond
Restablecerse, recover
Restar, subtract
Restaurar, restore
Restregar, rub
Restringir, restrict, stint
Resucitar, resuscitate
Resultar, result
Resumir, resume
Resurgir, resurge
Retardar, retard
Retener, retain
Retirarse, retire
Retocar, retouch
Retoñar, sprout
Retozar, frolic
Retractarse, retract
Retrasar, retard
Retroceder, retrocede; revert
Retumbar, thunder; rumble

Reunir, gather; reunite
Reverenciar, reverence
Revisar, revise
Revivir, revive
Revocar, derogar, revoke
Revolucionar, revolutionize
Rezar, pray
Ridiculizar, ridicule
Rifar, raffle
Rimar, verse
Rivalizar, rival
Rizar, curl
Robar, rob
Robustecer, streghten
Rociar, salpicar, splash; drizzle
Rodar, roll
Rodear, surround
Roer, gnaw
Rogar, beg; request; ask
Romper, smash
Roncar, snore
Rotular, label
Ruborizarse, blush
Rugir, roar
Rumiar, ruminate
Rutilar, sparkle; twinkle

— S —

Saber, learn
Sabotear, sabotage
Sacar llave, unlock
Sacar punta, sharpen
Sacrificar, sacrify
Sacudir, dust
Sacudir, zarandear, jerk
Salar, salt
Salir mal en un examen, flunk
Salpicar, splash; sprinkle; • drizzle
Saltar, jump; leap; frisk; skip
Saludar, greet
Saludar (con inclinación de cabeza), bow
Sanar, heal
Saquear, pillage
Satisfacer, satisfy
Saturar, saturate

Sazonar, season
Sazonar, madurar, ripen
Secar(se), dry
Secar, enjuagar, frotar, wipe
Secuestrar, kidnap
Seducir, seduce; entice
Segar, crop
Segregar, separar, segregate
Seguir, follow; proceed
Seguir el rastro o la pista, trail
Seleccionar, select
Sellar, seal
Sembrar, sow; plant
Sentar, seat
Sentar, venir bien, suit
Sentenciar, condenar, sentence
Señalar, point
Señalar, marcar, mark
Separar, separate; detatch
Separar con guión, hyphenate
Separase, partir, part
Sepultar, bury
Ser ejemplo de, typify
Sermonear, predicar, sermonize
Servir, servir a, serve
Servir de escarmiento, warn
Significar, denotar, signify
Simbolizar, symbolize
Simpatizar, compadecer,
  sympathize
Simplificar, simplify
Simular, simulate
Sindicalizarse, syndicate
Sisear, hiss
Sitiar, besiege
Sobar, massage
Sobornar, brise
Sobrepasar, surpass
Sobrepujar, surpass
Sobresalir, feature
Sobrevenir, supervene
Sobrevivir, survive
Socabar, undermine
Socorrer, assist
Sofisticar, sofisticate
Sofocar, suffocate
Sojuzgar, subjugate; subdue;
  subject

Soldar, weld; solder
Solemnizar, solemnize
Solicitar, solicit; request; ask
Soltar, loose; loosen; untie
Soltar, poner en libertad,
  release
Soltarse, slip
Sollozar, sob
Sombrear, dar sombra, shade
Someter, presentar, subject;
  submit
Sonar, resonar, sound; jingle
Sonar produciendo tictac, tick
Sonreir(se), smile
Sonrojarse, blush
Soñar, dream
Soportar, endure
Sorber, sip
Sorprender(se), surprise
Sospechar, suspect
Sostener, mantener, sustain;
  mantain
Suavizar, smooth
Subir, climb
Sublevarse, rebel; revolt
Sublimar, exaltar, sublime
Subordinar, subordinate
Subrayar, underline
Subsistir, subsist; exist
Substraer, restar, substract
Subvencionar, subsidize
Subyugar, subdue; subjugate
Suceder, happen
Sucumbir, succumb
Sudar, perspire; transpire
Sufrir, suffer; endure
Sugerir, suggest; hint
Sujetar, sojuzgar, subject
Sumergir(se), submerge;
  inmerge; plunge
Suministrar, furnish
Superar, surpass
Supervisar, supervise
Suplantar, supplant
Suplicar, plead; request; beg
Suponer, suppose; guess;
  presume
Suprimir, suppress

Supurar, suppurate
Surtir, supply; cater; furnish; asort
Suscribir, subscribe
Suspender, suspend
Suspirar, sigh
Suspirar, anhelar, long (for)
Sustituir, substitute
Susurrar, whisper

— T —

Taladrar, drill; pierce
Tallar, carve
Tambalear, totter; stagger
Tapar, cover
Tapizar, upholster
Tararear, hum
Tartamudear, stammer
Tasar, appraise; rate
Tatuar, tatoo
Tejer, knit
Telefonear, phone; telephone
Telegrafiar, telegraph
Temblar, tremble; quake; totter; quiver; shiver
Temer, fear
Tender, propender, tend
Tener éxito, succeed
Tentar, tempt; entice
Teñir, dye
Terminar, finish; end
Testificar, declarar, testify; witness
Timar, swindle
Timonear, pilot
Tiranizar, tyranize
Tirar, arrojar, pitch
Tirar de, hawl; pull; tug
Tirar, jalar; drag
Tiritar, shiver; quiver
Titilar, twinkle; scintillate
Titubear, hesitate; stagger
Titular, entitle; title
Tocar, tentar, palpar, touch
Tocar, knock
Tocar un instrumento, play
Tolerar, tolerate

Torcer, twist
Tornear, turn
Torpedear, torpedo
Toser, cough
Tostar, roast; toast
Tostar, curtir, quemar, tan
Totalizar, totalize
Trabajar, work
Traducir, translate
Traer, fetch
Traficar, traffic; deal; trade
Tragar, swallow
Traicionar, betray
Trampear, swindle
Transbordar, tranfer
Transcribir, transcribe
Transcurrir, elapse
Transferir, trasladar, transfer
Transfigurar, transfigure
Transformar, transform
Transgredir, trangress
Transmitir, transmit
Transmutar, transmute
Transpirar, sudar, transpire
Trasplantar, trasplant
Transportar, transport; convey; carry
Trascender, trascend
Trasladar(se), move; transfer
Traslapar, overlap
Traspasar, trespass
Tratar, probar, intentar, try
Tratar, treat
Tratar, atender (a los enfermos), treat
Trazar, trace; line
Tremolar, wave
Trepar, climb
Trillar, thresh
Trinar, trill
Triplicar, triplicate
Triturar, triturate
Triunfar, succeed; triumph
Tronar, thunder
Tropezar, stumble
Trotar, trot
Truncar, truncate

Tumbar, tumble
Turbar, embarrass

— U —

Unificar, unify
Uniformar, standardize; make
  uniform
Unir, unite
Untar, smear

— V —

Vacar, vacate
Vaciar, empty
Vacilar, vacillate; hesitate;
  totter
Vacunar, vaccinate
Vadear, wade; ford
Vagar; wander; roam; stroll
Valuar, valorar, value; price;
  rate
Vapulear, whale
Vegetar, vegetate
Vejar, vex
Velar un muerto; wake
Vencer, dominar, master
Vencer, vanquish
Vendar, bandage
Vender al menudeo, al detalle,
  retail
Vender al por mayor, wholesale
Venerar, venerate
Venirle bien a uno una prenda
  de vestir, fit; suit
Ventilar, ventilate; window
Verificar, justificar, verify
Verse, mirarse, look
Versificar, verse
Verter, spill; pour
Vestir(se), dress

Vetar, veto
Viajar, travel
Viajar, por mar, navegar,
  voyage; cruise
Vibrar, vibrate
Viciar, vitiate
Victimar, victimize
Vigilar, watch
Vigorizar, invigorate
Vindicarse, vengarse, vindicate
Violar, infringir, violate
Violar, deshonrar a una mujer,
  violate
Visitar, visit
Vitalizar, vitalize
Vituperar, vituperate
Vivir, live
Vocalizar, vocalize
Vocear, shout
Vociferar, vociferate; shout
Volar, revolotear, wing
Volcar, overturn
Volver, return
Vomitar, vomit
Votar, votar por, vote
Votar, poll
Vulcanizar, vulcanize
Vulgarizar, vulgarize

— Z —

Zafarse, slip
Zambullirse, dive; plunch
Zanjar, ditch
Zigzaguear, zigzag
Zozobrar, capsize; wreck
Zumbir, huz; hum
Zurcar, furrow
Zurcir, darn
Zurrar, whip; tan

206